Sommaire

1. Questionner le mon… de la matière et de…

1. Qu'est-ce que la matière ?

2. Découvrir le monde du vivant

Connaitre des caractéristiques du monde vivant, ses interactions, sa diversité

2. Questionner l'espace et le temps

4. Se situer dans l'espace

Se repérer dans l'espace et le représenter

Situer un lieu sur une carte ou un globe ou un écran informatique

5. Se situer dans le temps

6. Explorer les organisations du monde

Introduction

Cet ouvrage s'adresse aux professeurs des écoles, non spécialistes des sciences, mais désireux de les enseigner de manière active, à partir d'expériences ou d'activités ludiques et simples à réaliser.

Les cinquante activités proposées dans cet ouvrage abordent l'ensemble du programme 2016 de cycle 2 pour la partie de sciences et technologie de l'enseignement « Questionner le monde ».

Elles vont permettre aux élèves d'acquérir de nombreuses compétences nécessaires à leur éveil scientifique : découvrir leurs premières notions de base en sciences, élaborer une démarche scientifique simple, inventer ou suivre un protocole expérimental, s'organiser, observer, construire des schémas scientifiques, faire une recherche à la bibliothèque ou sur Internet.

Seront ainsi abordées de nombreuses spécificités propres au cycle des apprentissages fondamentaux :

« Au cycle 2, on ne cesse d'articuler le concret et l'abstrait. »

« Au cycle 2, les connaissances intuitives tiennent encore une place centrale. »

« Au cycle 2, on justifie de façon rationnelle. »[1]

Les enseignants pourront aussi évaluer différents domaines du socle commun de compétences dont le détail est précisé en fin d'introduction (extraits du Bulletin Officiel).

Chaque partie du livre illustre un des grands domaines du programme officiel : « Questionner le monde du vivant, de la matière et des objets » et « Questionner l'espace et le temps ».

Ces deux grandes parties sont découpées en six chapitres, abordant les notions proposées dans le Bulletin Officiel.

Chaque chapitre contient :

– une synthèse des connaissances nécessaires à l'enseignement du chapitre ;

– une ou plusieurs expériences ou activités, faciles à mettre en œuvre. Elles nécessitent du matériel peu couteux et aisé à se procurer, souvent issu de la récupération. Chaque activité propose une liste du matériel nécessaire et indique comment se le procurer, le protocole à suivre, les écueils à éviter lors de leur mise en place avec les enfants, des astuces, des schémas, des exemples de résultats obtenus dans les classes. Lorsque cela est nécessaire, le niveau de la classe est suggéré ;

– des pistes d'exploitations pédagogiques permettant de construire des séquences à partir de ces expériences.

1. Extraits du Bulletin Officiel n° 48 du 24 décembre 2015.

En fin d'ouvrage sont proposés un glossaire et une liste des coordonnées de fournisseurs de matériel, vivant ou non, nécessaire à la réalisation de certaines expériences et les adresses Internet nécessaires à la mise en place de certaines séances.

Un CD-Rom présenté en page 149 contient : des fiches élèves, des schémas, des vidéos, des photographies couleur, des cartes.

Ces documents nécessaires à la réalisation des activités sont imprimables et vidéoprojetables.

➥ Extraits du Bulletin Officiel n° 48 du 24 décembre 2015 présentant une synthèse des informations sur les contributions essentielles de l'enseignement « Questionner le monde » au socle commun et, les compétences qui y sont travaillées :

A. Contributions essentielles de l'enseignement « Questionner le monde » au socle commun

Domaine 1 : Les langages pour penser et communiquer

Comprendre, s'exprimer en utilisant la langue française à l'oral et à l'écrit

Tous les enseignements concourent à la maitrise de la langue. Toutefois, « Questionner le monde », les arts plastiques comme l'éducation musicale, en proposant de s'intéresser a des phénomènes naturels, des formes et des représentations variées, fournissent l'occasion de les décrire, de les comparer, et de commencer à manipuler, à l'oral comme à l'écrit, des formes d'expression et un lexique spécifique.

Comprendre, s'exprimer en utilisant les langages mathématiques, scientifiques et informatiques

Dans l'enseignement « Questionner le monde », les activités de manipulation, de mesure, de calcul, à partir d'expériences simples utilisent pleinement les langages scientifiques. La familiarisation avec un lexique approprié et précis permet la lecture, l'exploitation et la communication de résultats à partir de représentations variées d'objets, de phénomènes et d'expériences simples (tableaux, graphiques simples, cartes, schémas, frises chronologiques…).

Domaine 2 : Les méthodes et outils pour apprendre

Dans tous les enseignements, et en particulier dans le champ « Questionner le monde », la familiarisation aux techniques de l'information et de la communication contribue à développer les capacités à rechercher l'information, à la partager, à développer les premières explicitations et argumentations et à porter un jugement critique.

Domaine 3 : La formation de la personne et du citoyen

Dans le cadre de l'enseignement « Questionner le monde », les élèves commencent à acquérir une conscience citoyenne en apprenant le respect des engagements envers soi et autrui, en adoptant une attitude raisonnée fondée sur la connaissance, en développant un comportement responsable vis-à-vis de l'environnement et de la santé.

Domaine 4 : Les systèmes naturels et les systèmes techniques

« Questionner le monde » constitue l'enseignement privilégié pour formuler des questions, émettre des suppositions, imaginer des dispositifs d'exploration et proposer des réponses. Par l'observation fine du réel, dans trois domaines, le vivant, la matière et les objets, la démarche d'investigation permet d'accéder à la connaissance de quelques caractéristiques du monde vivant, à l'observation et à la description de quelques phénomènes naturels et à la compréhension des fonctions et des fonctionnements d'objets simples.

Différentes formes de raisonnement commencent à être mobilisées (par analogie, par déduction logique, par inférence…) en fonction des besoins. Étayé par le professeur, l'élève s'essaie à expérimenter, à présenter la démarche suivie, à expliquer, à démontrer, à exploiter et à communiquer les résultats de mesures ou de recherches, la réponse au problème posé en utilisant un langage précis. Le discours produit est argumenté et prend appui sur des observations et des recherches et non sur des croyances.

Cet enseignement développe une attitude raisonnée sur la connaissance, un comportement responsable vis-à-vis des autres, de l'environnement et de sa santé à travers des gestes simples et l'acquisition de quelques règles relatives à l'hygiène, à l'alimentation et au sommeil, la connaissance et l'utilisation de règles de sécurité simples.

Domaine 5 : Les représentations du monde et l'activité humaine

Les enseignements « Questionner le monde », mathématiques et l'éducation physique et sportive mettent en place les notions d'espace et de temps. Se repérer dans son environnement proche, s'orienter, se déplacer, le représenter, identifier les grands repères terrestres, construire des figures géométriques simples, situer des œuvres d'art d'époques différentes, effectuer des parcours et des déplacements lors d'activités physiques ou esthétiques, participe à l'installation des repères spatiaux. Les repères temporels aident à appréhender et à apprendre les notions de continuité, de succession, d'antériorité et de postériorité, de simultanéité. Commencer à repérer quelques évènements dans un temps long, prendre conscience de réalités ou d'évènements du passé et du temps plus ou moins grand qui nous en sépare vise à une première approche de la chronologie. La répétition des évènements et l'appréhension du temps qui passe permet une première approche des rythmes cycliques. Plus particulièrement, le champ « Questionner le monde » permet également de construire progressivement une culture commune, dans une société organisée, évoluant dans un temps et un espace donnés : découverte de l'environnement proche et plus éloigné, étude de ces espaces et de leurs principales fonctions, comparaison de quelques modes de vie et mise en relation des choix de transformation et d'adaptation aux milieux géographiques.

B. Compétences travaillées dans le cadre de l'enseignement « Questionner le monde »

Pratiquer des démarches scientifiques

– Pratiquer, avec l'aide des professeurs, quelques moments d'une démarche d'investigation : questionnement, observation, expérience, description, raisonnement, conclusion.

Domaine du socle : 4

Imaginer, réaliser

– Observer des objets simples et des situations d'activités de la vie quotidienne.
– Imaginer et réaliser des objets simples et de petits montages.
Domaine du socle : 5

S'approprier des outils et des méthodes

– Choisir ou utiliser le matériel adapté proposé pour mener une observation, effectuer une mesure, réaliser une expérience.
– Manipuler avec soin.
Domaine du socle : 2

Pratiquer des langages

– Communiquer en français, à l'oral et à l'écrit, en cultivant précision, syntaxe et richesse du vocabulaire.
– Lire et comprendre des textes documentaires illustrés.
– Extraire d'un texte ou d'une ressource documentaire une information qui répond à un besoin, une question.
– Restituer les résultats des observations sous forme orale ou d'écrits variés (notes, listes, dessins, voire tableaux).
Domaine du socle : 1

Mobiliser des outils numériques

– Découvrir des outils numériques pour dessiner, communiquer, rechercher et restituer des informations simples.
Domaine du socle : 2

Adopter un comportement éthique et responsable

– Développer un comportement responsable vis-à-vis de l'environnement et de la santé grâce à une attitude raisonnée fondée sur la connaissance.
– Mettre en pratique les premières notions d'éco-gestion de l'environnement par des actions simples individuelles ou collectives : gestion de déchets, du papier et économies d'eau et d'énergie (éclairage, chauffage...).
Domaines du socle : 3, 5

Se situer dans l'espace et dans le temps

– Construire des repères spatiaux :
• se repérer, s'orienter et se situer dans un espace géographique ;
• utiliser et produire des représentations de l'espace.
– Construire des repères temporels :
• ordonner des évènements ;
• mémoriser quelques repères chronologiques.
Domaine du socle : 5

1. Qu'est-ce que la matière ?

Que sont les solides et les liquides ?

CP

Programme : Identifier les 3 états de la matière et observer des changements d'états.

Objectifs :
- Aborder l'état solide et l'état liquide à partir d'observations de différents produits.
- Comprendre ce qui les caractérise.

Matériel :
- De l'eau liquide et en glaçons.
- De l'huile liquide et en glaçons.
- Des tubes transparents.
- Des petites boites transparentes.
- Un verre.
- Des morceaux de lave (basalte) ou, à défaut, des photos. (Voir les adresses utiles p. 157)
- Des images ou un film montrant une coulée de lave.
- Des images ou un film montrant un souffleur de verre.

➤ Expérience 1 – Évolution de la lave

➤ Expérience 1 – Coulée de lave (film)

➤ Expérience 1 – Souffleur de verre (film)

Déroulement

Étape 1

Distribuer, par groupes de deux ou trois élèves, deux tubes, deux boites transparentes et deux récipients contenant un peu d'eau et d'huile liquides.

Les enfants versent de l'eau dans chacun des récipients et ils les penchent.

Ils font la même expérience avec l'huile. Ils réalisent le dessin de leur expérience.

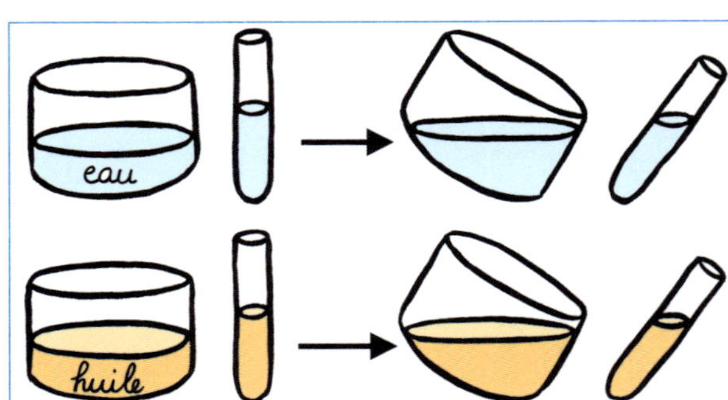

Ils constatent que chacun des liquides, eau et huile, prend la forme du récipient où il est introduit. De plus, lorsque l'on penche les récipients, les liquides « ne penchent pas », ils restent horizontaux.

Étape 2

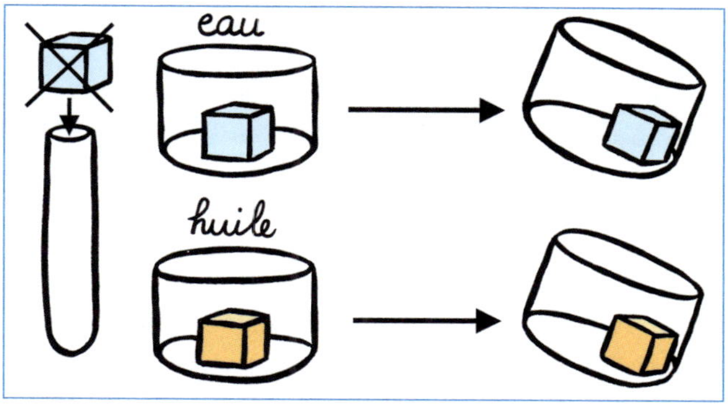

Sont ensuite distribués un glaçon d'eau et un glaçon d'huile à chaque groupe. Les enfants doivent réaliser la même série d'expériences (avec les tubes puis avec les boites) ; ensuite, ils doivent les illustrer.

Ils constatent que les solides ne peuvent pas changer de forme. Ils ne rentrent pas dans le tube s'ils sont trop gros. De même, lorsqu'on les incline dans la boite, ils s'inclinent également et ne restent pas horizontaux comme les liquides.

Enfin, faire constater aux enfants qu'il est facile d'attraper les solides alors que le liquide « passe entre les doigts ».

Étape 3

Distribuer un échantillon de roche volcanique en précisant qu'il a été trouvé au pied d'un volcan en activité.

Faire constater que la roche est solide.

Demander si elle peut exister à l'état liquide. Le plus souvent, cette idée apparait comme farfelue aux enfants.

Montrer le film et les photographies d'éruption volcanique (*cf.* CD). Les enfants font alors le rapprochement entre la lave liquide et la roche solide.

Étape 4

Présenter un verre et les images ou le film montrant un souffleur de verre (*cf.* CD) créant une petite sculpture en verre (cheval).

Demander ensuite aux enfants comment sont fabriqués les verres dans lesquels on boit. Là encore, ils font le lien entre la matière à l'état liquide et le verre (solide).

Ajouter cependant qu'aujourd'hui, les verres sont fabriqués par des machines et non par des souffleurs.

Conclusions

Les liquides sont donc capables de se déformer et de prendre la forme du récipient qui les contient ou celle que l'on désire leur donner (exemples : glaçon en cube, forme du verre donnée par le souffleur). Ils restent toujours horizontaux par rapport au sol.

Les solides, eux, gardent leur forme propre quelle que soit leur position dans l'espace. Ils ne se déforment pas comme les liquides.

Élaborer une affiche collective ou une trace écrite individuelle avec ces conclusions (sous les dessins s'ils ont été réalisés dans leur carnet d'expériences).

Comparer différents liquides

CE1 - CE2

Programme : Distinguer les solides et les liquides.

Objectifs :
- Comprendre que tout liquide n'est pas de l'eau.
- Différencier les liquides en étudiant certaines de leurs propriétés : vitesse d'évaporation, viscosité, solubilité.

Matériel :
- Différents liquides : de l'eau, de l'huile, de l'alcool, du savon liquide.
- Du papier bristol et du papier absorbant.
- Des verres en plastique transparents.
- Des compte-gouttes (type pipette pour médicaments).
- Des morceaux de bois de 2 à 3 cm de haut et au minimum de 10 cm de long.

Déroulement

Les expériences sont réalisées par groupes de trois. Elles vont permettre de tester trois propriétés : l'évaporation, la solubilité, la viscosité.

Les premières observations sont mises en commun après chaque expérience. Éventuellement, elles sont illustrées au fur et à mesure.

Expérience d'évaporation

Déposer **une seule** goutte d'eau, d'huile et d'alcool, à l'aide d'un compte-goutte, sur une feuille de papier absorbant.

Puis observer la vitesse à laquelle chacune des gouttes disparait.

Les enfants constatent que l'alcool disparait en premier, c'est le plus volatil ; puis vient le tour de l'eau ; la goutte d'huile, elle, reste toujours présente, elle ne s'évapore pas entièrement.

Expérience de solubilité

Les enfants vont mélanger deux à deux les différents produits.

Déposer de l'huile au fond du verre transparent. Y ajouter délicatement de l'eau. On constate que l'huile remonte au-dessus de l'eau et que les deux produits ne se mélangent pas. L'huile n'est pas soluble dans l'eau.

Réaliser la même expérience avec l'huile et l'alcool. Les deux ne se mélangent pas et l'alcool reste au-dessus de l'huile. L'huile n'est pas soluble dans l'alcool.

Pour les CE2, il est possible d'expliquer que l'alcool est plus « léger » (moins dense) que l'huile, et que c'est pour cela qu'il reste au-dessus. Au contraire, l'eau est plus « lourde » (plus dense) que l'huile, ce qui explique que cette dernière flotte sur l'eau (tout comme le pétrole lors des marées noires).

Enfin, mélanger l'eau et l'alcool. Les groupes observent que l'alcool « disparait » dans l'eau. L'alcool peut donc se mélanger à l'eau.

Expérience de viscosité

La viscosité d'un liquide correspond à sa capacité à s'écouler plus ou moins vite. Plus un liquide est visqueux, moins son écoulement est rapide.

Les élèves vont réaliser, sur un plan incliné, une « course de gouttes de liquide » afin de classer les trois liquides que sont l'eau, l'huile et le savon liquide, du moins visqueux au plus visqueux.

Le plan incliné est représenté par une feuille de bristol A5 (il a l'avantage de ne pas trop absorber les liquides ; il est aussi possible d'utiliser des supports plastifiés) ; cette feuille est posée sur un support (un morceau de bois). Une ligne est tracée à deux centimètres du sommet de la pente, pour visualiser la ligne de départ de la « course de gouttes ».

Un enfant de chaque groupe prélève, à l'aide d'une pipette, une goutte d'eau, une goutte d'huile ou une goutte de savon liquide.

Au top donné par un des élèves, la goutte est déposée sur la ligne de départ. Ils observent la vitesse à laquelle les gouttes descendent la pente.

La goutte d'eau est la plus rapide car elle est peu visqueuse et s'écoule donc facilement. Viennent ensuite l'huile puis le savon liquide.

Remarque
Ce type de course peut être réalisé avec d'autres liquides proposés par les enfants.

Conclusions

Tous les liquides n'ont donc pas les mêmes propriétés. Leur vitesse d'évaporation, leur solubilité et leur viscosité sont des critères qui permettent de les différencier.

D'autres critères peuvent aussi être trouvés ou précisés aux enfants : couleur, odeur des liquides…

Élaborer une affiche collective ou une trace écrite individuelle (dans le carnet d'expériences) avec ces conclusions.

Le passage de l'état solide à l'état liquide

CE1 - CE2

Programme : Identifier les trois états de la matière et observer des changements d'état.

Objectifs :
- Montrer que le passage de l'état solide à l'état liquide est fonction de l'élément étudié.
- En déduire que tous les liquides ne sont pas les mêmes.

Matériel :
- Une douzaine de bacs à glaçons.
- Les éléments étudiés (à mettre au congélateur, dans les bacs à glaçons) : de l'eau, du beurre, de l'huile, de l'alcool (à se procurer en supermarché sous forme de bouteille plastique au rayon bricolage).
- Des assiettes en plastique.

Déroulement

Étape 1

Déposer sur trois tables dispersées dans la salle un bac de chaque élément étudié (eau, beurre, huile et alcool).

Cette observation doit être rapide afin que les glaçons ne commencent pas trop à fondre. Les enfants constatent que trois des produits sont solides alors que l'alcool est resté liquide.

Les enfants doivent trouver une explication au fait que l'alcool reste liquide. Par exemple : « Il ne faisait pas assez froid dans le congélateur pour que l'alcool devienne dur. » Dès le CE1, il est possible de préciser un ordre de grandeur. La température d'un congélateur est d'environ – 16 °C alors que l'alcool pur gèle à – 114 °C.

Étape 2

Les enfants, par groupes de deux ou trois, viennent ensuite avec leur assiette et prennent un glaçon d'eau, d'huile et de beurre. Ils retournent à leur place et observent l'évolution de chacun des glaçons.

Le premier à fondre est le glaçon d'eau. Le deuxième est le glaçon d'huile et le dernier est celui de beurre : il devient mou, mais ne fond pas réellement. Les enfants trouvent facilement qu'il faut le chauffer plus, car « il fond quand il est dans la poêle ».

Au besoin, pour faciliter l'observation, disposer l'assiette près d'un radiateur ou une autre source de chaleur. En moyenne, le beurre fond aux environs de 30 °C, mais cela peut varier en fonction des diverses sortes de beurre.

Remarque

Attention : en fonction du type d'huile utilisé, le résultat peut différer. Généralement, l'huile d'arachide se solidifie à 3 °C. Pour les autres huiles, la température de solidification est plus faible : l'huile d'olive à partir de – 6 °C (mais pour certaines huiles elle peut commencer à se solidifier dès 10 °C…), celle de soja à – 16 °C et celle de tournesol à – 17 °C (ces données sont approximatives, car elles dépendent de la pureté des huiles).

Il est donc préférable de faire un test avant de proposer cette expérience aux élèves, à moins de le découvrir avec eux…

Trace écrite

En synthèse, on peut visualiser ces passages de l'état solide à l'état liquide, générés par différentes températures, en complétant un schéma du même type que ci-dessous, un thermomètre servant d'échelle. La flèche indique pour chaque produit le passage de l'état solide à liquide.

Les températures de passage de l'état solide à liquide sont indiquées.

Exemple

Passage de l'état solide à l'état liquide

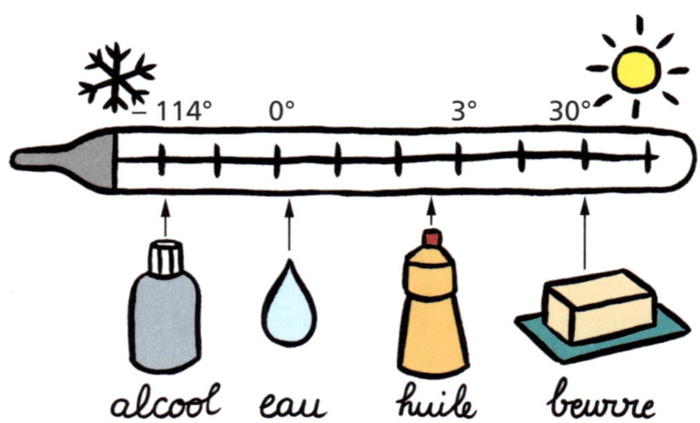

Les trois états de l'eau : solide, liquide et gazeux

CE2

Programme : Identifier un changement d'état de l'eau dans un phénomène de la vie quotidienne.

Objectif : Découvrir les trois états de l'eau et les modalités de passage d'un état à l'autre.

Matériel :
- Une Cocotte-Minute ou une vidéo de Cocotte-Minute d'où s'échappe de la vapeur d'eau.
- De la glace pilée obtenue avec des glaçons.
- De l'eau liquide.
- Des verres en plastique.
- Des thermomètres.
- Des petites cuillères.

Croisements entre enseignements **Mathématiques** : « Grandeurs et mesures » ; « Utiliser le lexique, les unités, les instruments de mesures spécifiques à ces grandeurs ».

Déroulement

Rappel des trois états de l'eau

Initier un échange collectif sur ce qu'est l'eau et le vocabulaire qui lui est associé : glace, buée, neige, pluie, rivière, lac, glaçon, vapeur, nuage…

Les enfants doivent essayer de classer logiquement ces différents mots en différents groupes. Les notions de liquide et de solide sont plus aisées à découvrir. Pour le gaz, ils auront probablement besoin d'aide.

Leur montrer ensuite des glaçons, un verre d'eau et l'image de la Cocotte-Minute.

Leur faire décrire l'état de l'eau dans ces trois exemples et faire ressortir la notion d'eau **solide, liquide** et **gazeuse**.

Demander aux élèves de classer à nouveau le vocabulaire dans l'une de ces trois catégories.

Attention, le gaz à la sortie du bouchon de la Cocotte-Minute n'est pas visible. Il est situé juste à la sortie de la valve. La vapeur blanche qui apparait ensuite est déjà de l'eau liquide sous forme de microgouttelettes. Les nuages ne sont donc pas constitués de vapeur d'eau (cette dernière étant invisible), mais de microgouttelettes d'eau.

Expérience : Passage de l'état solide à liquide

Il est possible de montrer dans quelles conditions l'eau passe d'un état à l'autre. Le plus simple et le moins dangereux à réaliser est le passage de l'eau solide à l'eau liquide.

Il faut utiliser de la glace pilée afin de pouvoir y plonger le thermomètre. La fabriquer en mettant des glaçons dans un torchon et en les frappant sur une table.

Réaliser ensuite immédiatement l'expérience.

Remplir aux trois quarts le verre transparent de glace pilée, puis introduire l'extrémité du thermomètre au milieu de la glace. Les élèves vont observer l'évolution de l'aspect de la glace en fonction de la température, jusqu'à ce que toute la glace soit fondue.

Lors de l'expérience, il est important d'agiter régulièrement afin de maintenir une température homogène.

Observations et conclusions

Les élèves notent les résultats dans un tableau, au fur et à mesure de l'expérience (voir l'exemple ci-après).

Ils observent que le changement d'état se déroule aux environs de 0 °C ; tant qu'il reste un peu de glace, la température reste stabilisée autour de 0 °C. Ensuite, la température du liquide augmente.

Exemple de tableau :

Changement d'état de l'eau en fonction de la température										
Temps (min)	0	2	4	6	8	10	12	14	25	30
Température (°C)	– 12	– 5	– 3	0	0,5	1	1	0,5	10	20
Résultat observé	glace	glace	glace + eau	glace + eau	glace + eau	glace + eau	glace + eau	glace + eau	eau	eau

Les états de l'eau dans la nature

CE2

Programme : Identifier un changement d'état de l'eau dans un phénomène de la vie quotidienne.

Objectif : Après avoir mis en évidence l'existence des 3 états de l'eau (expérience 4), découvrir leurs manifestations dans la nature à partir de différentes observations et différents supports.

Matériel :

- Un planisphère vierge pour cartographier les zones glacées.
- Un schéma du cycle de l'eau à compléter et son corrigé.
- Un accès aux sites « Google Earth », « Geoportail » ou « Infoclimat ».

➤ Expérience 5 – Planisphère

➤ Expérience 5 – Cycle de l'eau

Déroulement

En guise de rappel, faire retrouver par les enfants les trois états de l'eau et les conditions nécessaires à leur apparition :

– l'eau gazeuse : se forme plutôt lorsqu'il fait chaud (Bien rappeler que certes l'eau bout à 100 °C, c'est l'ébullition, mais qu'elle s'évapore à des températures beaucoup plus basse. Lorsque nous expirons, de la vapeur d'eau sort de notre bouche sans toutefois atteindre les 100 °C.) ;

– l'eau liquide : se forme plutôt à des températures moyennes ;

– l'eau solide : se forme à des températures en dessous de zéro.

Puis demander aux enfants s'il est possible d'observer l'eau sous ses trois formes dans notre environnement proche, puis dans la nature en général.

Expérience 1 : L'eau à l'état solide

Dans un premier temps, interroger les élèves à propos de l'eau à l'état solide.

On constate rapidement que dans la nature on peut la trouver dans les glaciers, les calottes glaciaires, la neige, mais aussi la grêle.

Dans l'environnement proche, cela va dépendre de la localisation géographique de l'école mais aussi de la saison.

Cette première constatation va amener à se questionner sur les conditions nécessaires à l'observation, dans la nature, d'eau à l'état solide. Une cartographie des zones glacées à la surface du globe est alors réalisée. Pour cela un planisphère vierge est proposé à la classe (*cf.* CD).

Pour mieux préparer la cartographie des glaciers, il est possible de télécharger des images satellites du globe ou d'utiliser « Google Earth » (pour une meilleure observation, enlever tous les calques en décochant en bas du menu toutes les options de calque, les zones apparaissant en blanc sont les zones de glace) ou encore « Geoportail ».

Toutes les zones glacées observées sont coloriées, par les enfants, en bleu pâle sur le planisphère. Interroger alors sur la cause de leur présence et donc la cause du froid.

Deux types de zones glacées sont ainsi mis en évidence :

– Les calottes glaciaires (glacier de très grande dimension) situées aux pôles. Les faire hachurer sur la carte.

– Les glaciers des chaines de montagnes. Les faire pointiller sur la carte.

En déduire que les zones froides sur Terre sont fonction de leur latitude (plus on s'éloigne de l'équateur, plus il fait froid, ce sont les zones hachurées) et de l'altitude (plus on monte, plus il fait froid, ce sont les zones pointillées).

En prolongement, observer des photographies ou des images satellite d'un même glacier en été et en hiver. Constater ainsi que la quantité de glace présente en un lieu dépend aussi de la saison.

Enfin, un travail sur le réchauffement climatique peut être fait en observant par exemple l'évolution de la taille des glaciers du Groenland ou des Alpes sur ces 10 dernières années.

Expérience 2 : L'eau à l'état liquide

Dans un deuxième temps, à travers l'observation de la localisation de l'eau à l'état liquide sur Terre, les élèves vont construire le cycle de l'eau.

Faire retrouver, suite à l'observation d'images, à un dialogue de classe ou à une recherche, les lieux sur terre où de l'eau liquide est observable.

Profiter de cette étape pour faire un travail sur le vocabulaire utilisé en donnant des définitions précises de ce qui, pour les élèves, peut parfois paraitre comme étant synonyme : mer / océan ; mare / étang / lac ; rivière / fleuve ; torrent / ruisseau…

Rappeler que les nuages sont constitués d'eau liquide et qu'ils auront donc leur place dans le cycle.

Faire compléter ensuite le schéma vierge du cycle de l'eau (*cf.* CD), ajouter des flèches afin d'illustrer les mouvements de l'eau à la surface du globe et ainsi mettre en évidence l'existence d'un « cycle ».

Corrigé 1 (disponible sur le CD) :

En prolongement, amener ensuite les élèves à s'interroger sur la présence d'eau à l'état solide dans ce cycle. La neige et les glaciers sont alors ajoutés sur le dessin tout comme les flèches qui symbolisent leurs mouvements dans le cycle.

Corrigé 2 (disponible sur le CD) :

Expérience 3 : L'eau à l'état gazeux

Dans un troisième temps, interroger les élèves sur leur connaissance de l'eau à l'état gazeux. Conclure que cet état n'est pas visible à l'œil nu.

Un moyen pour mettre en évidence sa présence est de faire découvrir l'existence du degré d'humidité dans l'atmosphère. On parle d'« humidité relative ». Lorsqu'elle est à son maximum (100 %), cela signifie que l'on est au maximum de vapeur d'eau que peut contenir l'air.

Au cycle 2, il faut plus simplement que les enfants comprennent qu'elle correspond à une certaine quantité de vapeur d'eau présente dans l'atmosphère. Ils saisissent ainsi que la vapeur d'eau n'est pas visible mais qu'elle nous entoure et que l'air peut être « sec » ou « humide ».

Aller sur Internet pour travailler via un site de météo : www.infoclimat.fr.

Sur l'onglet « Temps réel », sélectionner « Stations météo » puis « Carte interactive ». Dans le menu à gauche, sélectionner « Humidité relative ».

La carte de l'humidité relative en France s'affiche (sur ce site, cette carte est observable pour de nombreux autres pays).

Les enfants doivent repérer la localisation de leur ville sur la carte, y trouver la valeur de l'humidité relative et la noter.

La notion d'humidité est alors abordée afin qu'ils comprennent qu'elle correspond à la présence d'eau.

Interpréter collectivement les résultats. En fonction de la météo le jour de l'expérience, deux cas se présentent :

– Il ne pleut pas : faire remarquer qu'il y a de l'eau dans l'atmosphère puisque les élèves viennent de noter une valeur de l'humidité relative qui n'est pas nulle, donc que l'air est humide. Mais cette eau n'est pas visible, il s'agit donc d'eau à l'état de vapeur.

Sur la carte de France, faire alors relever les lieux ou l'humidité relative est à 100 %. Consulter en parallèle une carte météo classique. Constater que le plus souvent il y a de la pluie dans ces zones. En conclure que l'eau gazeuse est devenue liquide.

– Il pleut : l'humidité relative mesurée est à 100 % ou très proche.

Aller sur une carte météo classique et trouver une ville où il fait beau. Revenir sur la carte d'humidité et relever le taux dans cette ville. L'humidité est très inférieure à 100 % mais elle n'est pas nulle. Il y a donc bien de l'eau dans l'air mais elle n'est pas visible. C'est de la vapeur d'eau.

Conclusion

En conclusion, on dira que l'air contient une certaine quantité d'eau qui est mesurée sous la forme d'humidité relative. Cette eau n'est pas visible car elle est sous forme de vapeur.

Prolongement

Si possible, se procurer une petite station météo digitale qui mesure la température, la pression mais aussi l'humidité relative, et faire mesurer cette dernière dans la classe. On arrive alors à la même conclusion : il y a de l'eau dans l'air de la classe mais on ne la voit pas. C'est de l'eau à l'état gazeux.

Le poids de l'air

CE2

Programme : Identifier les trois états de la matière et observer des changements d'état.

Objectif : « Peser » l'air et expérimenter afin de monter sa matérialité.

Matériel pour : l'expérience A
- Une balance de cuisine numérique.
- Un ballon rigide dégonflé (ballon de football, de basket, de volley…).
- Une pompe avec aiguille pour gonfler le ballon.

Matériel pour : l'expérience B
- Une balance à deux plateaux (type Roberval).
- Deux ballons rigides identiques, l'un gonflé et l'autre dégonflé.
- Une pompe avec aiguille pour gonfler les ballons.
- En option : une gamme de poids.

Déroulement

Deux expériences peuvent être menées, au choix.

Expérience A

Avec la balance de cuisine, peser le ballon alors qu'il est dégonflé. Noter le poids.

Le gonfler à l'aide de la pompe jusqu'à ce qu'il soit bien rempli mais qu'il reste encore un peu mou.

Le peser à nouveau : on constate que le poids a augmenté. Le ballon pèse quelques grammes de plus, ce qui correspond au poids de l'air injecté (un litre d'air pèse environ 1,2 gramme).

Gonfler à nouveau le ballon afin qu'il soit bien dur.

Le peser à nouveau : le poids a encore augmenté.

Plus on met d'air dans un ballon, plus son poids augmente ce qui montre bien que l'air a un poids.

Expérience B

Placer le ballon dégonflé sur l'un des plateaux de la balance, et sur l'autre le ballon gonflé. On observe que la balance penche du côté du ballon gonflé.

Le ballon gonflé a donc une masse plus importante que le ballon dégonflé. La différence correspond au poids de l'air, le seul élément différenciant les deux ballons.

Si vous possédez une gamme de poids, vous pouvez mesurer cette différence de masse en en ajoutant des poids du côté du ballon dégonflé jusqu'à arriver à l'équilibre.

2. Découvrir le monde du vivant

Connaitre des caractéristiques du monde vivant, ses interactions, sa diversité

Reconnaitre des comportements favorables à sa santé

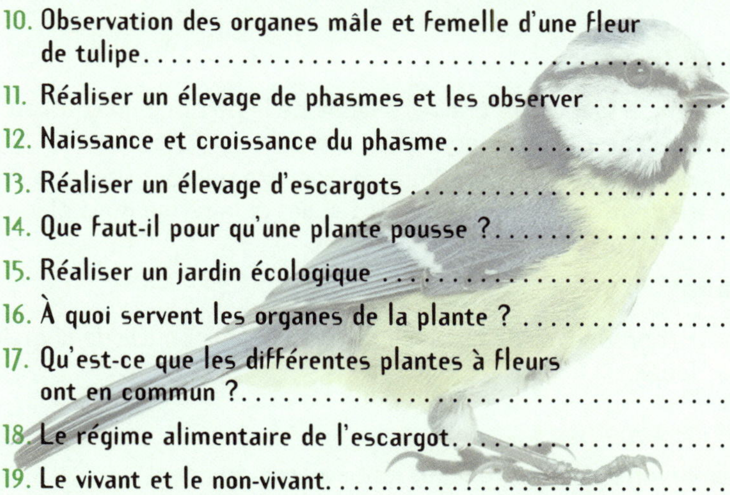

7

La graine et sa germination

CE1 - CE2

Programme : Identifier ce qui est animal, végétal, minéral ou élaboré par des êtres vivants.

Objectifs :
- Émettre des hypothèses sur le rôle des différentes parties de la graine, à partir de son observation, pour mieux comprendre la germination.
- Vérifier ces hypothèses à l'aide d'une expérience.

Matériel :
- Des graines de haricot blanc (achetées au kilo en supermarché).
- Des loupes.
- Des petites assiettes.
- Du papier absorbant.

➤ Expérience 7 – Graine de haricot

Préparation

Ouvrir en deux, avant la séance, les graines à l'aide de la pointe d'un couteau. Conserver la partie de la graine où est fixé l'embryon.

Il est composé de deux microfeuilles et d'une microracine qui sont situées à la base de la graine. Elles représentent les futures premières feuilles et la racine de la plante.

Déroulement

Répartir les élèves par groupes de deux. Distribuer à chaque binôme la demi-graine portant l'embryon et une loupe.

Formulation des hypothèses

Faire observer l'**embryon** à la loupe. Pour que les élèves comprennent bien son organisation, leur montrer la photo ci-contre (*cf.* CD).

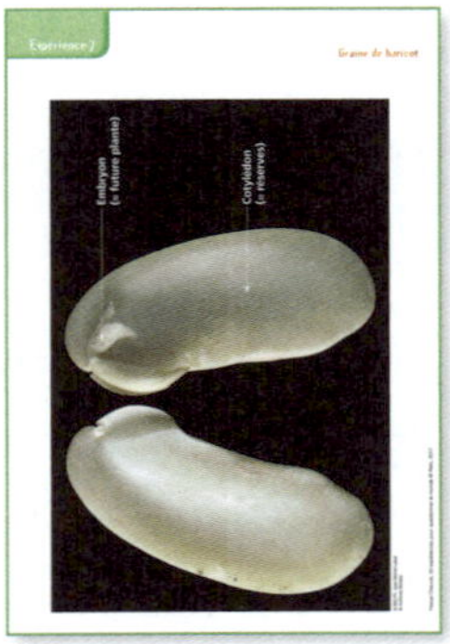

Suite à une discussion, les enfants constatent que cette partie ressemble à un bébé plante où l'on peut observer « des petites feuilles » et « comme une tige ».

Les trois principales parties de la plante étant les feuilles, la tige et les racines, on peut émettre l'hypothèse que « les petites feuilles » vont donner les futures feuilles et que « la petite tige » va donner une tige et la racine.

Pour émettre une hypothèse sur le rôle du reste de la graine, **le cotylédon**, il est nécessaire de guider les élèves.

Demander pourquoi l'homme cultive des graines (blé, riz, maïs, petits pois, haricots, cacahouètes...). Ils constatent que c'est essentiellement pour son alimentation.

On sait que la plante se nourrit grâce à ses feuilles en captant la lumière du soleil. Au départ, dans la graine, il n'y a pas de feuilles vertes. On peut donc supposer que, pour grandir, la plantule a besoin de la nourriture qu'elle trouve dans le cotylédon de la graine.

Afin de vérifier ces hypothèses, les enfants vont faire germer des graines de haricot et observer l'évolution des différentes parties au cours du temps.

Expérience

Cette expérience se réalise par groupes de deux.

Demander aux binômes de plier en quatre deux feuilles de papier absorbant, qui serviront de support de croissance (elles remplaceront la terre qui contient des sels minéraux). Ils les humidifient. Puis ils déposent six graines sur le papier afin de les faire germer. Les enfants écrivent leur prénom sur une étiquette qu'ils posent ou collent sur le bord de l'assiette.

Faire observer l'évolution de la germination en ouvrant en deux une graine, tous les deux jours.

Après deux jours, les élèves constatent que le volume de la graine a légèrement augmenté car elle s'est hydratée. Les futures racines et les feuilles ont « gonflé ».

Au fur et à mesure de la germination, ils observent que la racine et les feuilles se développent, et qu'une petite tige apparait.

Ceci confirme bien la première hypothèse émise : l'embryon est à l'origine de la formation de la nouvelle plante.

En parallèle, les enfants remarquent que les cotylédons se « fripent » et que leur volume diminue. Ceci est bien dû au fait que, la plante n'étant pas encore autonome, elle puise au départ sa nourriture dans les cotylédons. La deuxième hypothèse est vérifiée.

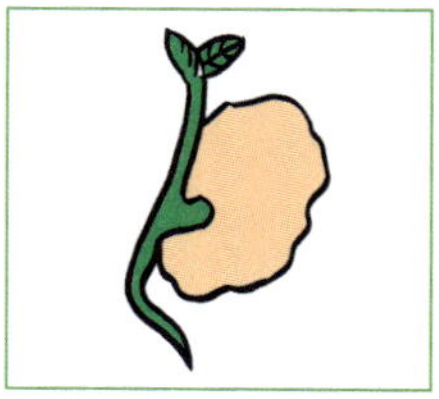

Trace écrite

Demander aux élèves de dessiner les résultats de cette expérience :
- la graine initiale coupée en deux ;
- la graine gonflée avec l'apparition de la petite tige ;
- les cotylédons fripés.

Élaborer collectivement une phrase de synthèse, par exemple : « L'embryon est à l'origine de la nouvelle plante. Les cotylédons nourrissent la future plante. »

Que faut-il pour qu'une graine germe ?

CP - CE1

Programme : Identifier ce qui est animal, végétal, minéral ou élaboré par des êtres vivants.

Objectif : Découvrir les éléments nécessaires à la croissance d'une graine à travers une démarche d'investigation.

Matériel :
- Des graines.
- Des coupelles en plastique.
- Un lieu obscur, un lieu éclairé, un lieu chaud, de quoi arroser.
- Un tableau des expériences par élève.

➤ Expérience 8 – Que faut-il pour qu'une graine germe ? CP/CE1

Remarque préalable

Il est préférable, mais pas nécessaire, d'avoir réalisé une première démarche plus simple avant d'aborder celle-ci. Par exemple, celle proposée dans l'expérience 14, « Que faut-il pour qu'une plante pousse ? », qui suit la même trame que cette activité.

En effet, lors de cette séquence, il est possible de montrer qu'une hypothèse n'est pas toujours valide, alors que pour l'activité 14, elles le sont toutes.

Déroulement

Utiliser le même déroulement que celui de l'activité 14. Les pictogrammes présentés sont les mêmes, mais pour la température, deux thermomètres sont proposés.

Attention ! bien montrer que la lumière et la chaleur sont deux facteurs différents. Par exemple, si on éteint la lumière de la classe, il fera plus sombre mais on n'aura pas plus froid.

Formulation des hypothèses

Demander aux élèves quels sont les éléments nécessaires, selon eux, à la germination de la graine. Après une discussion collective, les hypothèses émises par les enfants sont :
- « Il lui faut de l'eau. »
- « Il lui faut de la lumière. »
- « Il lui faut de la chaleur. »

Proposer aux élèves de vérifier ces hypothèses par des expériences.

Expériences

Préciser, pour les CP, que pour tester un facteur, il faut l'enlever. Pour les CE1, on peut les laisser le deviner.

Distribuer aux élèves, répartis en petits groupes, des graines disposées dans des coupelles en plastique. Prévoir plusieurs coupelles par groupe pour réaliser les différentes expériences. Puis imprimer pour chaque groupe le tableau des expériences à réaliser (*cf.* CD).

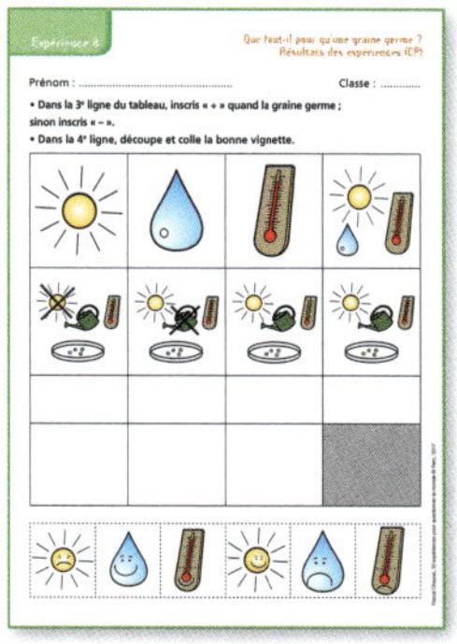
Expérience 8

Que faut-il pour qu'une graine germe ?
Résultats des expériences (CP)

Prénom : .... Classe : ....

• Dans la 3e ligne du tableau, inscris « + » quand la graine germe ; sinon inscris « – ».
• Dans la 4e ligne, découpe et colle la bonne vignette.

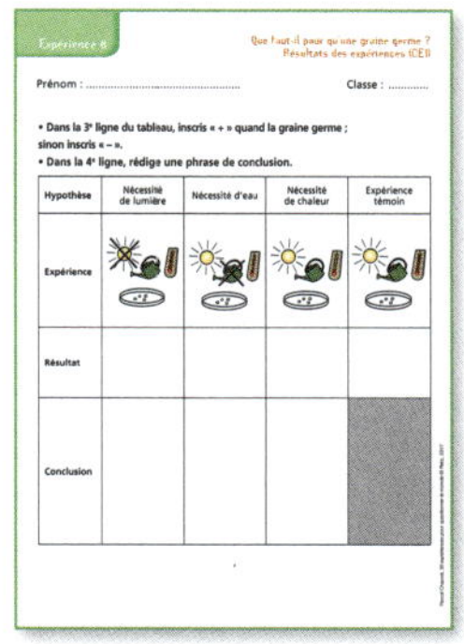
Expérience 8

Que faut-il pour qu'une graine germe ?
Résultats des expériences (CE1)

Prénom : .... Classe : ....

• Dans la 3e ligne du tableau, inscris « + » quand la graine germe ; sinon inscris « – ».
• Dans la 4e ligne, rédige une phrase de conclusion.

Hypothèse	Nécessité de lumière	Nécessité d'eau	Nécessité de chaleur	Expérience témoin
Expérience				
Résultat				
Conclusion				

Les deux lignes du bas sont à compléter à l'issue des expériences. Laisser les élèves observer les dessins et comprendre ce qu'il y a à faire. Au besoin, les aider.

Puis procéder aux expériences :

• Pour tester le besoin de lumière : placer les graines dans un endroit obscur et chaud ; les arroser régulièrement.

• Pour tester le besoin d'eau : laisser les graines à la lumière et à la chaleur, sans les arroser.

• Pour tester le besoin de chaleur : placer les graines dans un endroit plus froid que la température ambiante, avec de la lumière ; les arroser régulièrement.

• Ne pas oublier de réaliser l'expérience témoin, où tous les éléments sont présents, pour comparer et vérifier.

Observations et conclusions

Après une à deux semaines, les résultats sont observés.

Les résultats obtenus sont présentés dans les tableaux proposés dans le CD. Quand la graine ne germe pas, les élèves inscrivent un *moins* dans le tableau ; quand elle commence à germer, ils écrivent un *plus*.

Donner la conclusion de ces expériences sur la dernière ligne, en collant les pictogrammes correspondants pour les CP, en écrivant une phrase de synthèse pour les CE1 (voir les exemples page suivante).

Exemple CP

+	–	–	+

Exemple CE1

Hypothèse	Nécessité de lumière	Nécessité d'eau	Nécessité de chaleur	Expérience témoin
Expérience				
Résultat	+	–	–	+
Conclusion	La graine n'a pas besoin de lumière pour germer.	La graine a besoin d'eau pour germer.	La graine a besoin de chaleur pour germer.	

En synthèse, dire aux élèves que, pour qu'une graine germe, il lui faut de l'eau et de la chaleur, mais pas de lumière. (L'hypothèse « la lumière est nécessaire » n'est donc pas validée.) Ces conditions sont réunies au printemps.

La lumière n'est pas indispensable car la graine possède ses propres réserves et de plus, généralement, elle germe sous terre, donc à l'obscurité.

Toutes les graines ne germent pas à la même vitesse

CP - CE1

Programme : Identifier ce qui est animal, végétal, minéral ou élaboré par des êtres vivants.

Objectifs :
- Montrer que le mécanisme de la germination, commun à toutes les plantes produisant des graines, ne se déroule pas à la même vitesse en fonction de l'espèce étudiée.
- Suivre un protocole simple.

Matériel :
- Des pots de yaourt en plastique (en parler assez tôt aux enfants pour qu'ils les rapportent propres au fur et à mesure).
- De la terre.
- Des grosses cuillères.
- Des assiettes creuses.
- Des ciseaux.
- Des verres en plastique.
- Des plateaux (type cantine).
- Des étiquettes autocollantes.
- Des graines de radis, de haricot, de salade (laitue ou feuille de chêne), de persil, de pois...
- Un protocole illustré par élève ou par groupe d'élèves.
- Le tableau de germination.

Expérience 9 – Préparation des pots de germination

Expérience 9 – Tableau de germination

Croisements entre enseignements **Mathématiques** : « Grandeurs et mesures » ; « Comparer, estimer, mesurer des durées ». **Français** : « Lecture de compréhension de l'écrit » ; « Pratiquer différentes formes de lecture » ; « Lecture fonctionnelle, notamment consignes, énoncés de problèmes ».

Déroulement

Les enfants sont répartis par groupes de deux.

Étape 1

Distribuer quatre pots par groupe, de la terre dans l'assiette creuse, un verre en plastique, une grosse cuillère, quatre étiquettes et les graines dans une enveloppe sur laquelle est inscrit lisiblement le nom de la plante.

Si les enfants ne visualisent pas bien les plantes qui correspondent à leurs graines, leur montrer un échantillon réel ou sur photographie.

Le protocole ci-après peut être présenté, en fonction du niveau, sous forme de dessins (voir CD) ou à l'écrit (au tableau ou sur une photocopie).

Protocole

- Percer de trois trous le fond des pots de yaourt avec les ciseaux. L'eau excédentaire venant de l'arrosage peut ainsi être évacuée.
- Écrire sur les quatre étiquettes le nom de la plante qui est semée et le prénom de chaque élève du groupe.
- Coller une étiquette par pot.
- Remplir les pots de terre à l'aide de la cuillère, tasser légèrement.
- Semer en fonction de la taille de la graine deux à quatre graines par pot, et les enfoncer légèrement dans la terre.
- Remplir à moitié d'eau le verre en plastique et arroser la terre pour l'humidifier. Attention de ne pas déborder !
- Déposer les pots sur un plateau (l'eau excédentaire ne coulera pas ainsi sur les tables).

Pour information, voici la vitesse approximative de germination de différentes graines à la température de la classe.

– Radis : 2-3 jours.
– Lentille verte, tournesol, pois chiche, blé, laitue : 3-4 jours.
– Haricot : 3-5 jours.
– Moutarde, maïs, tomate : 4-6 jours.
– Carotte, courge, fève : 5-8 jours.
– Pois : 10-15 jours.
– Persil : 16-22 jours.

Étape 2

Adapter le tableau proposé dans le CD en fonction des graines semées et le distribuer à chaque enfant.

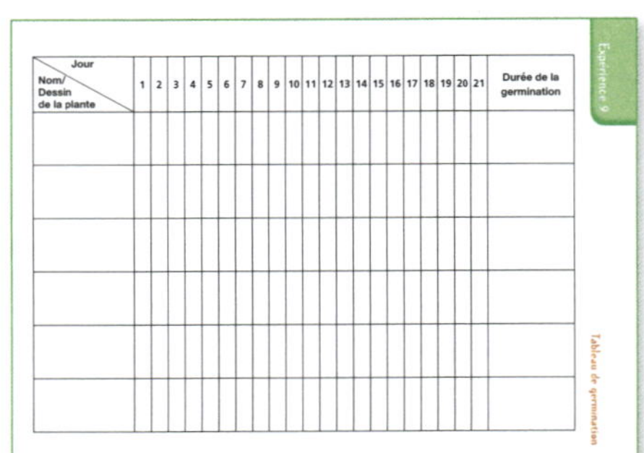
Expérience 9

Jour / Nom/ Dessin de la plante	1	2	3	4	5	6	7	8	9	10	11	12	13	14	15	16	17	18	19	20	21	Durée de la germination

Tableau de germination

En fonction du niveau, on peut mettre un dessin de la plante au lieu d'écrire le nom. De même, si le travail sur le calendrier a déjà été réalisé (voir l'activité 43 : « Des outils pour repérer et mesurer le temps »), il est possible d'utiliser les dates plutôt que les chiffres dans le tableau (prévoir dans ce cas une feuille plus grande).

Expliquer aux enfants que ce tableau va être complété tous les jours. Tant que la graine n'a pas germé, on met une croix par jour passé. Une fois la germination constatée, on arrête et le nombre total de croix obtenu est noté dans la dernière colonne, ce qui permet de visualiser la durée de germination.
Les enfants constatent ainsi que, en fonction de la plante étudiée, la vitesse de germination est très variable et qu'il est très important pour les jardiniers d'en tenir compte.

Prolongement

Les semis réalisés durant cette activité peuvent être réutilisés soit lors d'autres activités (par exemple, l'expérience 14 : « Que faut-il pour qu'une plante pousse ? »), soit repiqués pour réaliser le jardin écologique de l'expérience 15.

Observation des organes mâle et femelle d'une fleur de tulipe

CP - CE1

Programme : Identifier ce qui est animal, végétal, minéral ou élaboré par des êtres vivants.

Objectif : Réaliser une dissection en suivant un protocole simple décrit par l'enseignant.

Matériel :

- Des fleurs de tulipe (attention ! les prendre rouges ou jaunes car le plus souvent les fleurs d'autres couleurs possèdent un nombre anormal d'étamines et un pistil mal formé ; ne pas hésiter à regarder, avant de les acheter, l'intérieur des fleurs, qui doivent comporter six étamines et un pistil).
- Des pinces à épiler.
- Dessin de la fleur disséquée à reconstituer pour le début du CP.

➤ Expérience 10 – Le pollen

➤ Expérience 10 – La fleur disséquée – CP

Rappel pour l'enseignant

Pour les plantes à fleurs, la graine est issue de la rencontre entre un ovule (cellule sexuelle femelle), contenu dans le pistil de la fleur, et un grain de pollen (cellule sexuelle mâle) libéré par une étamine. Cette rencontre favorise la fécondation.

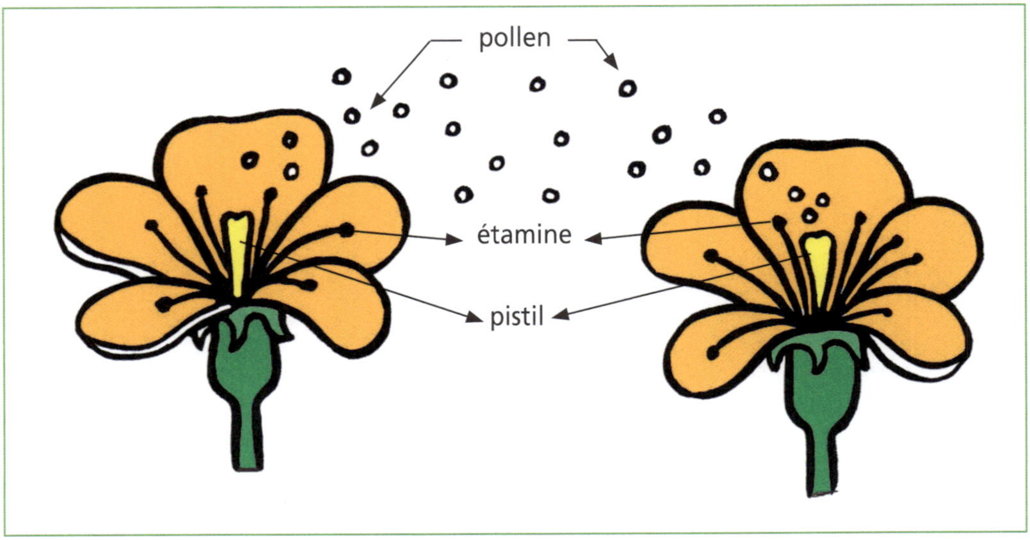

La reproduction chez les plantes.

Une fois formée, la graine contient :
- un embryon qui redonnera une nouvelle plante ;
- des réserves, situées dans les cotylédons, qui lui donneront les éléments nécessaires à sa croissance tant qu'elle n'est pas autonome (dès qu'elle aura des feuilles, elle pourra réaliser la photosynthèse) ;
- une enveloppe, appelée tégument, qui sert à la protéger durant l'hiver.

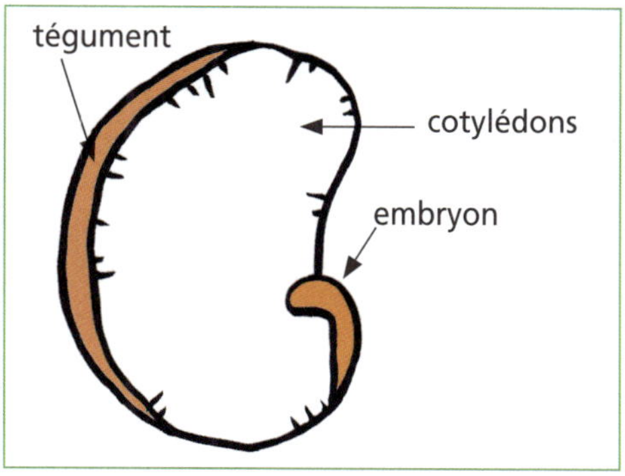

La graine.

La dissection de la fleur permet donc de connaitre les organes mâle et femelle de la plante.

Déroulement

Dissection de la fleur de tulipe

Elle comporte six pétales.

Demander aux élèves d'ôter, à l'aide de la pince à épiler, les deux pétales extérieurs et le pétale intérieur situé entre les deux. Avant de commencer, s'assurer que les enfants ont bien repéré ces pétales à enlever (il ne s'agit pas de tout enlever : seulement la moitié).
Puis faire retirer les trois étamines qui sont situées devant et légèrement sur le côté du pistil afin de rendre ce dernier plus visible (voir le dessin schématisé ci-après).

Après avoir procédé à la dissection, on peut enlever l'ensemble pour compter les pétales et les étamines (voir ci-dessous).

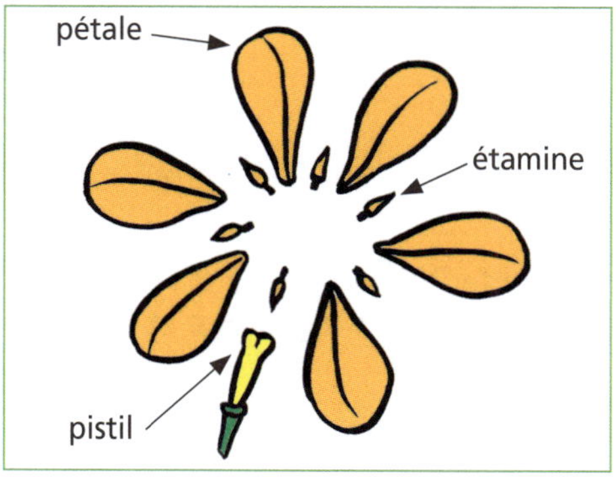

La fleur disséquée.

Conclusion

Cette observation permet aux enfants de comprendre que :
- tout comme les animaux, les végétaux possèdent des organes sexuels mâle (les étamines) et femelle (le pistil) ;
- que chez de nombreuses plantes, contrairement à la quasi-totalité des animaux, les organes mâle et femelle sont situés au même endroit, à savoir la fleur.

Trace écrite

• Si l'expérience est réalisée en début de CP, distribuer à chaque élève la feuille proposée dans le CD, sur laquelle est dessinée une tige de tulipe, trois pétales (deux vus de profil, un vu de face), le pistil et trois étamines.

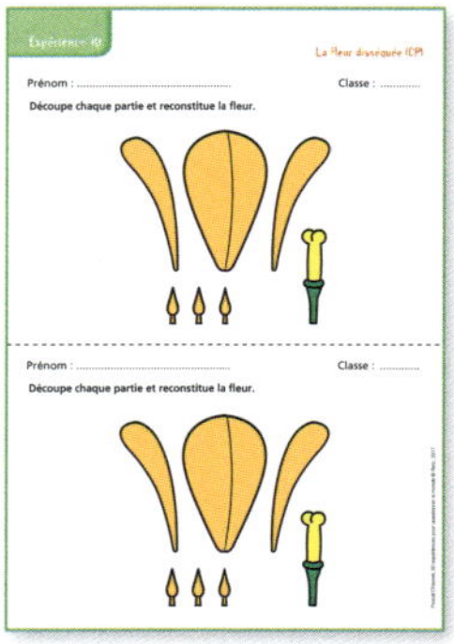

Chaque enfant découpe précisément les différents morceaux de la fleur. En observant la dissection, il reconstitue la tulipe en collant les morceaux de fleur qu'il a découpés. Veiller à ce que l'assemblage se fasse dans le bon ordre, afin que tous les éléments soient apparents (valider la reconstitution avant de la faire coller).

Corrigé :

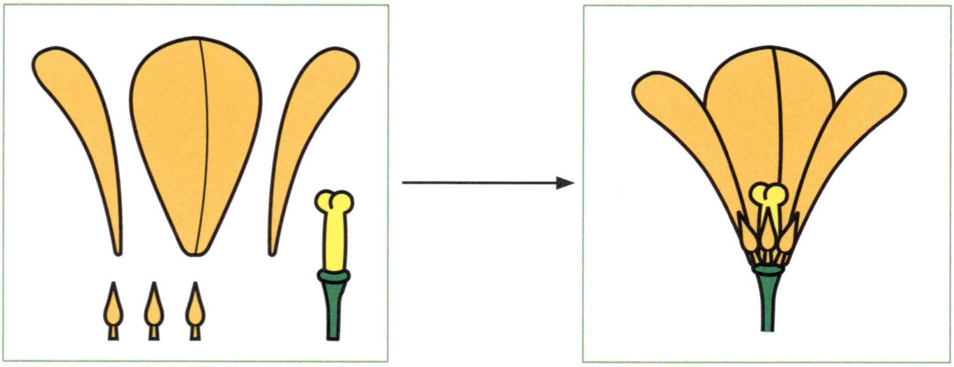

• En fin de CP et au CE1, les enfants réalisent dans leur carnet d'expériences un dessin simplifié de la dissection (voir p. 37) ; ils le légendent et lui donnent un titre.

Réaliser un élevage de phasmes et les observer

CP - CE1

A : L'élevage des phasmes

Programme : Identifier ce qui est animal, végétal, minéral ou élaboré par des êtres vivants.

Objectifs :
- Apprendre à suivre un protocole, à respecter des règles d'élevage.
- Développer l'esprit d'observation.
- Aborder la reproduction du phasme.

Matériel :
- 2 ou 3 aquariums ou vivariums rectangulaires.
- Du grillage fin ou du tissu à moustiquaire légèrement plus grand que l'aquarium et lesté aux quatre coins (plomb ou caillou).
- Des phasmes ou des œufs de phasmes (à récupérer dans la nature ou chez un revendeur ; voir adresses utiles, p. 157).
- Des branches de lierre ou de ronce.
- Un flacon en verre à goulot (pour éviter que les phasmes ne se noient).
- Des barquettes en plastique.
- Du coton.
- Un pulvérisateur à eau.
- Des loupes.

Croisements entre enseignements **Français** : « Lecture et compréhension de l'écrit » ; « Pratiquer différentes formes de lecture » ; « Lecture fonctionnelle, notamment consignes, énoncés de problèmes ».

Déroulement

Il est intéressant, si cela est possible, de réaliser plusieurs élevages (il existe des aquariums de petite taille) pour que des groupes de cinq ou six enfants en aient chacun un en charge, de façon à les responsabiliser.

Ils préparent ainsi chacun leur élevage et en ont la gestion durant toute la période d'étude.

Remarque

Attention ! S'il s'agit de phasmes « exotiques » qui ne vivent pas dans nos régions, il ne faut surtout pas les libérer dans la nature car cela pourrait être dangereux pour les espèces de nos régions. Les espèces exotiques pourraient les éliminer et entrainer leur disparition.

Réalisation de l'élevage

Distribuer un vivarium par groupe. Les consignes sont données au fur et à mesure à chacun des groupes.

• Placer une ou plusieurs feuilles de papier au fond, afin de faciliter la récupération des crottes.

• Déposer une barquette en plastique contenant du coton imbibé d'eau. Il permettra aux phasmes de s'hydrater.

• Placer le flacon en verre à goulot contenant de l'eau. Pour nourrir les phasmes, introduire dans le flacon des branches de lierre (ou de ronce ou de lilas) qui, ainsi, ne se dessècheront pas. Boucher ensuite à l'aide de coton pour éviter les noyades.

• Déposer les phasmes sur les branches.

• Recouvrir l'aquarium d'un grillage ou de tissu à moustiquaire.

Entretien de l'élevage

• Humidifier tous les deux à trois jours le feuillage et les animaux à l'aide du vaporisateur (quatre à cinq pulvérisations sous forme de bruine).

• Nettoyer régulièrement le fond en changeant les feuilles de papier.

• Remplacer, lorsque cela est nécessaire (autrement dit, toutes les une à deux semaines), les branches qui servent à la fois de support et d'alimentation. Bien récupérer l'ensemble des phasmes en les faisant tomber au fond du vivarium.

• Veiller à ce que le coton soit toujours humide.

S'assurer que chaque groupe suit attentivement et régulièrement ces consignes.

Observation des œufs

Après quelques mois (environ trois), les enfants peuvent découvrir, au milieu des crottes, des œufs de phasme. Leur repérage n'est pas si aisé, mais les élèves, en apprenant à nettoyer leur élevage, savent reconnaitre les crottes et voient donc assez facilement la présence des œufs.

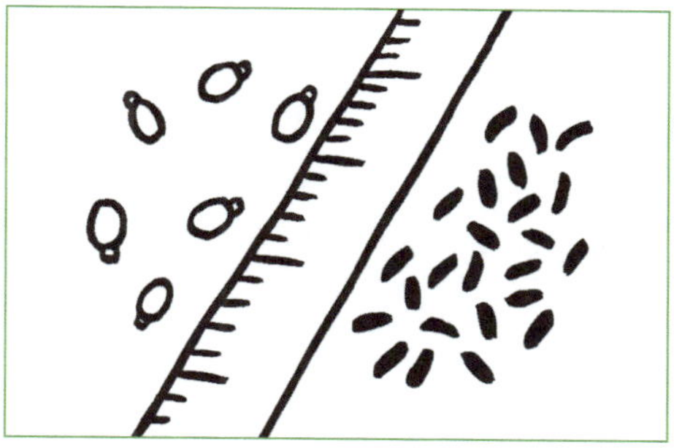

Comparaison de la taille et de la forme des œufs (à gauche) et des excréments (à droite).

Ils sont à retrouver au milieu des excréments et sont reconnaissables à leur couvercle situé sur le dessus de l'œuf. Une observation à la loupe facilitera cette découverte.

Expliquer aux élèves que les adultes peuvent pondre durant toute l'année si les conditions d'élevage sont favorables (milieu chaud et humide). Chaque femelle peut pondre durant sa vie de 200 à 300 œufs.

Préciser éventuellement le type de reproduction des phasmes étudiés.

- Les phasmes d'élevage (ceux de nos régions) sont parthénogénétiques, c'est-à-dire que les femelles se reproduisent seules en pondant des œufs qui redonneront aussi des femelles ; il n'y a donc pas de fécondation. Il s'agit d'une reproduction asexuée.
- Cependant, certaines espèces (comme le phasme bâton et le phasme épineux) se reproduisent par fécondation, résultant d'un accouplement entre un mâle et une femelle. Il s'agit alors d'une reproduction sexuée.

Ainsi, il n'est pas possible, sauf cas exceptionnel (si un mâle est présent), d'observer des accouplements dans l'élevage réalisé en classe.

Prolongement

Ces œufs peuvent être utilisés pour étudier la croissance et le développement du phasme (voir l'activité 12 « Naissance et croissance du phasmes »).

B : L'observation des phasmes

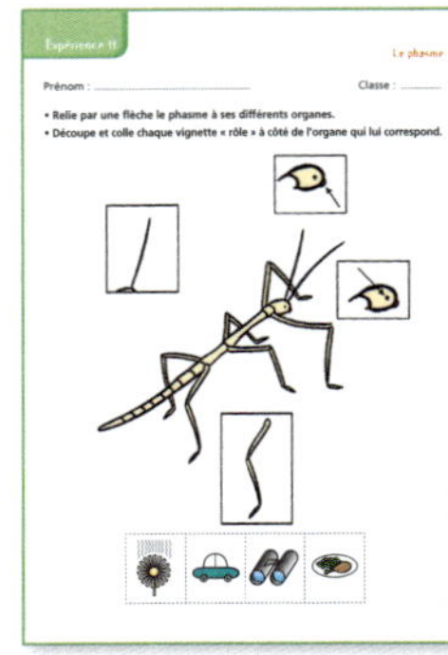

Programme : Identifier ce qui est animal, végétal, minéral ou élaboré par des êtres vivants.

Objectif : Observer un animal et reconnaitre les différentes parties qui le constituent (afin de mieux étudier sa croissance).

Matériel :
- Un élevage de phasmes (voir l'activité précédente).
- Des loupes.
- Des petites boites en plastique (une par groupe).
- Un schéma du phasme à compléter par élève.

Expérience 11 – Le phasme

Déroulement

Observer les différentes parties du phasme

Placer des phasmes dans des petites boites en plastique. En donner une par groupe de deux ou trois élèves.

À l'aide de la loupe, faire observer les différentes parties du phasme et les nommer :
- la bouche ;
- les pattes (en compter six) ;
- les antennes (en compter deux) ;
- les yeux.

À l'aide de cette observation, faire deviner à quelle famille d'animal appartient le phasme et préciser ensuite ses caractéristiques : c'est un insecte, car il possède six pattes et deux antennes.

Comprendre le rôle de ces différentes parties

Proposer une discussion collective afin de faire trouver quel est le rôle de chacune des parties. Veiller à ce que les enfants utilisent un vocabulaire précis.
- Les pattes permettent la locomotion.
- Les yeux sont les organes de la vision.
- La bouche permet la nutrition.
- Les antennes servent à l'odorat.

Cette observation peut servir d'amorce à de futures séquences portant soit sur les sens (ici, découverte de la vue et de l'odorat), soit sur les grandes fonctions (ici, découverte de la nutrition et de la locomotion).

Trace écrite

• Au CP, vous pouvez distribuer le schéma du phasme et de ses différentes parties isolées (*cf.* CD) et faire retrouver les dessins des différentes parties isolées sur le schéma d'ensemble de l'animal.

Demander aux élèves de relier, à l'aide d'une flèche, chaque partie à la représentation de l'animal. Exemple : relier le dessin de la patte à une des pattes de l'animal, le dessin de l'œil à un des deux yeux du phasme…

Puis faire découper les vignettes qui correspondent au rôle de chacun des organes. Les expliquer : la voiture figure le mouvement, l'assiette contenant un repas figure la nutrition, l'image des jumelles figure la vision et la fleur dégageant une odeur figure l'odorat. Chaque vignette représentant un rôle est collée près de l'organe qui lui correspond.

Corrigé :

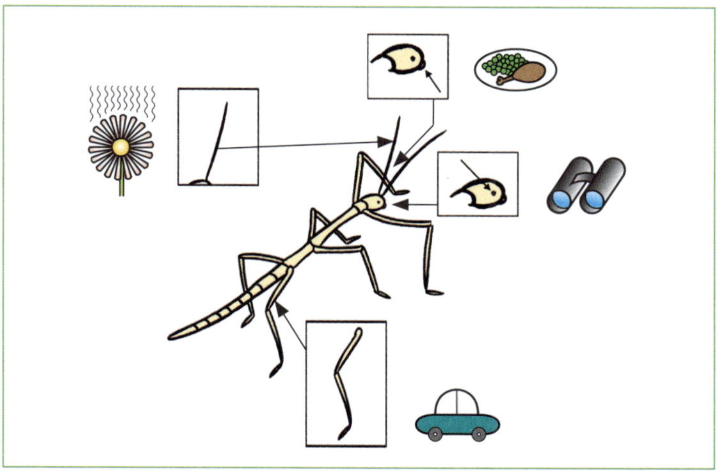

• En fin de CP et au CE1, le même travail est réalisé, mais les élèves écrivent en plus le nom de l'organe sous chaque dessin correspondant.

Naissance et croissance du phasme

A : La naissance du phasme

CE1

Programme : Identifier ce qui est animal, végétal, minéral ou élaboré par des êtres vivants.

Objectif : Isoler dans un élevage les œufs de phasme, afin d'étudier la naissance du phasme.

Matériel :
- Des œufs de phasme (issus de l'élevage, voir expérience 11).
- De petits récipients en verre à fond plat (type cristallisoir).
- Du sable.
- De la gaze.
- Un grand élastique.
- Des loupes.

Déroulement

Repérage des œufs de phasme

Il s'agit ici de repérer les œufs éclos dans l'élevage de phasmes, au besoin à l'aide de loupes (voir l'expérience précédente), et de les récupérer pour mieux les observer.

Attention, la forme de l'œuf va dépendre de l'espèce étudiée. Certains œufs peuvent être plus allongés que ceux présentés en exemple dans la partie « Réaliser un élevage de phasmes » de l'expérience 11.

Les œufs sont donc recueillis délicatement par les enfants, puis sortis de l'élevage pour être disposés dans une « pouponnière à phasmes ».

Fabrication de la pouponnière

Préparer la pouponnière avec les élèves.

Mettre une couche de sable de deux à trois centimètres au fond du cristallisoir et l'humidifier (attention, le sable ne doit pas être détrempé).

Déposer les œufs et recouvrir d'une gaze fixée à l'aide d'un élastique pour que, suite à leur naissance, les jeunes phasmes ne s'échappent pas.

Observations

L'éclosion des œufs, qui correspond donc à la naissance du phasme, se déroulera de deux à six mois après la ponte. Cette durée varie en fonction de l'espèce utilisée et des conditions d'élevage.

Les enfants auront peut-être la chance d'observer une éclosion, durant laquelle le jeune phasme découpe le sommet (côté « couvercle ») de l'œuf et d'où il sort avec difficulté.

Le trou est visible sur l'œuf, suite à l'éclosion.

Il est possible de faire dessiner aux enfants l'œuf et l'éclosion, afin de garder une trace de ces observations.

B : La croissance du phasme

Programme : Identifier ce qui est animal, végétal, minéral ou élaboré par des êtres vivants.

Objectif : Mesurer la croissance du phasme de la naissance jusqu'à l'âge adulte.

Matériel :
- Un élevage de phasmes (voir l'activité : « Réaliser un élevage de phasmes »).
- Des pinceaux pour prélever et bouger les phasmes sans les abimer.
- Des feuilles blanches.

Déroulement

Inviter les élèves, par groupes de deux ou trois, à prélever les phasmes après l'éclosion (à l'aide de pinceaux) et à les déposer sur une feuille blanche. Faire tracer au crayon à papier deux traits au niveau des extrémités. Attention, pour la mesure, s'assurer que les élèves partent bien de la tête et non des antennes.

L'avantage de cet animal est que, une fois prélevé, il s'immobilise et fait le mort. Il est donc facile de le mesurer.

Les enfants reportent en haut d'une feuille leur mesure et redessinent de manière très simplifiée le phasme entre ces mesures. Un rond pour la tête, un ovale pour le corps, six traits au niveau de l'ovale pour les pattes et deux traits sur la tête pour les antennes.

Exemple

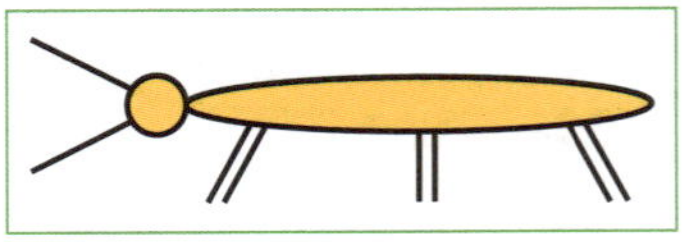

La date est écrite à gauche sur le dessin et elle est reportée sur le calendrier de la classe.

Réaliser le même travail toutes les deux semaines ; chaque dessin est réalisé sous le précédent.

Au final, l'ensemble des dessins permet de visualiser au cours du temps la croissance du phasme.

Variante pour les CE1

Le travail est le même, mais les élèves sont invités à estimer la taille du phasme en mesurant chacun leurs dessins. Ils écrivent à côté le résultat obtenu en millimètres.

Réaliser un élevage d'escargots

CP - CE1

Programme : Identifier ce qui est animal, végétal, minéral ou élaboré par des êtres vivants.

Objectifs :
- Apprendre à suivre un protocole, à respecter des règles d'élevage.
- Développer l'esprit d'observation.

Matériel :
- Un aquarium en verre rectangulaire.
- Du grillage fin ou une plaque en verre de la taille de l'aquarium (afin de fermer sa partie supérieure).
- Des graviers et de la terre.
- Des feuilles mortes.
- Un petit entonnoir en plastique.
- Des escargots trouvés dans la nature par vos soins ou par les enfants (attention, pour la reproduction, les prendre tous de la même espèce).

Déroulement

Il est intéressant, si cela est possible, de réaliser plusieurs élevages (il existe des aquariums de petite taille) pour que des groupes de cinq ou six enfants en aient chacun un en charge, de façon à les responsabiliser.

Ils préparent ainsi chacun leur élevage et en ont la gestion durant toute la période d'étude.

Réalisation de l'élevage

Distribuer un aquarium par groupe. Les consignes sont données au fur et à mesure à chacun des groupes. Elles sont distribuées par écrit mais une lecture orale est réalisée au préalable.

• Déposer dans le fond de l'aquarium une couche de gravier de deux à trois centimètres d'épaisseur.

• Y enfoncer à moitié l'extrémité de l'entonnoir. Il sera ainsi possible d'introduire de l'eau dans la couche de gravier, sans détremper la terre, tout en maintenant le milieu humide (condition nécessaire au bon développement de l'élevage).

• Déposer au-dessus une couche de terre, en réalisant une légère pente (dix à quinze centimètres d'un côté et cinq à dix centimètres de l'autre), ce qui permettra d'avoir des taux d'humidité différents (plus sec en haut de la pente, plus humide en bas).

• Déposer sur la terre un lit de feuilles mortes.

• Introduire les escargots trouvés dans la nature.

Si les escargots sont operculés (fermés par une couche solide), c'est qu'ils sont en vie ralentie. Le fait de les mettre dans un milieu humide et à 20 degrés va les réveiller.

Entretien de l'élevage

Désigner une équipe de deux à trois élèves, par semaine ou par mois, pour chacune des tâches suivantes (dans le cas d'un élevage pour toute la classe).

• Afin de maintenir un taux d'humidité constant durant l'élevage, il est important de remettre de l'eau sur les graviers à l'aide de l'entonnoir environ deux fois par semaine. Ne pas dépasser la mi-hauteur de la couche de gravier.

• Changer de temps en temps le lit de feuilles mortes afin d'éliminer régulièrement les excréments de l'élevage.

• Pour nourrir les escargots, donner des feuilles de salade, de choux, des morceaux de carotte, de tomate, des champignons trouvés dans la nature et de temps en temps des morceaux de coquille d'œuf (qui fournit le calcium nécessaire à la fabrication de la coquille). Veiller à ce que la nourriture soit toujours fraiche et qu'elle ne moisisse pas. Pour cela, vérifier au moins une fois par semaine les aliments.

Observations

Cet élevage est facile à réaliser, demande peu d'entretien et permettra, durant l'année, d'aborder de nombreux thèmes : la reproduction, la croissance, la nutrition, le déplacement… de l'escargot.

Pour ce type d'observations, on peut s'appuyer sur les expériences réalisées avec les phasmes (expériences 11 et 12).

Que faut-il pour qu'une plante pousse ?

CP - CE1 - CE2

Programme : Identifier ce qui est animal, végétal, minéral ou élaboré par des êtres vivants.

Objectif : Découvrir les éléments nécessaires à la croissance d'une plante au travers d'une démarche d'investigation.

Matériel :
- Un maximum de plants de radis ou de haricots, de salades…
- Un lieu obscur, un lieu éclairé, de quoi arroser.
- Un tableau des expériences par élève.

➤ Expérience 14 – Que faut-il pour qu'une plante pousse ? – CP/CE1/CE2

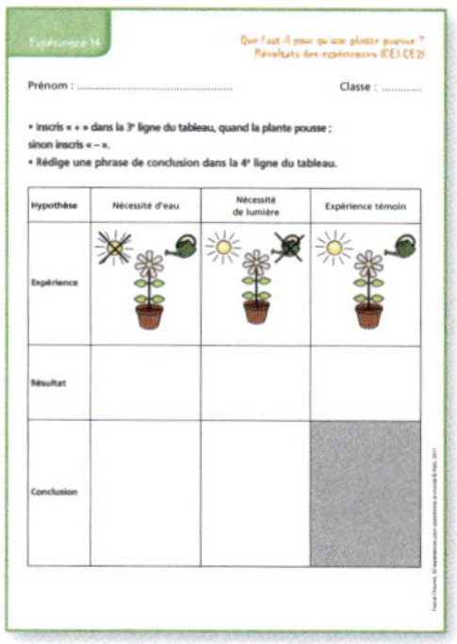
Prénom : .... Classe : ....

• Inscris « + » dans la 3e ligne du tableau, quand la plante pousse ; sinon inscris « – ».
• Rédige une phrase de conclusion dans la 4e ligne du tableau.

Hypothèse	Nécessité d'eau	Nécessité de lumière	Expérience témoin
Expérience			
Résultat			
Conclusion			

Rappel pour l'enseignant

Les végétaux sont, tout comme les animaux, des êtres vivants. Leur particularité est qu'ils fabriquent eux-mêmes leur nourriture. Ils n'ont pas, contrairement aux animaux, besoin de « manger ». Ils sont donc « autotrophes » (autonomes vis-à-vis de leurs nutriments) grâce au mécanisme de **photosynthèse**.

La photosynthèse permet la fabrication de sucres (le glucose) à l'aide d'eau et de dioxyde de carbone (CO_2), et ceci grâce à l'énergie fournie par la lumière. Un déchet est produit lors de ce mécanisme, qui se déroule au niveau des feuilles : le dioxygène (O_2).

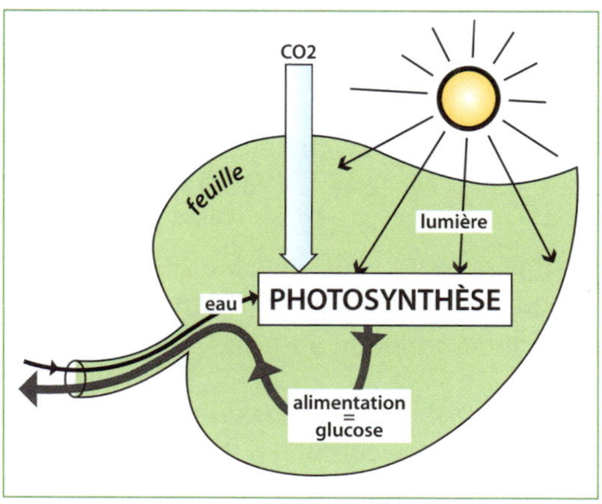

La photosynthèse.

Pour qu'une plante se développe, de nombreux éléments sont nécessaires. La molécule de base est le glucose fabriqué lors de la photosynthèse. Celle-ci sera ensuite modifiée grâce à l'ajout d'autres éléments, les sels minéraux, que la plante puise dans le sol à l'aide de ses racines. Ces sels minéraux sont par exemple contenus dans les engrais que l'on rajoute pour fertiliser un sol.

Les éléments nécessaires à la croissance des végétaux sont l'eau, la lumière, le dioxyde de carbone et les sels minéraux. La chaleur ne représente pas un élément nécessaire, mais une « condition de vie » qui permet la croissance de la plante.

Seulement deux de ces éléments seront testés, la nécessité d'eau et de lumière, car pour les deux autres l'expérience est soit trop longue (nécessité de sels minéraux), soit difficilement réalisable en classe (nécessité de CO_2).

Déroulement

Ce type d'expériences permet de réaliser facilement une démarche d'investigation scientifique :

- Les enfants vont émettre des **hypothèses** sur les éléments nécessaires au bon développement d'une plante.
- Pour les vérifier, ils vont réaliser des **expériences** à partir du matériel proposé et des schémas présentés dans un tableau.
- À partir d'observations, ils vont tirer des **conclusions** en répondant aux différentes hypothèses.

Formulation des hypothèses

Présenter aux élèves les plantes et leur demander quels sont, selon eux, les éléments nécessaires pour que ces plantes se développent. Un dialogue est amorcé avec les enfants.

Les trois hypothèses suivantes seront le plus souvent proposées : nécessité d'eau, besoin de lumière, besoin de terre (contenant les sels minéraux).

Proposer aux élèves de vérifier ces hypothèses par des expériences. Expliquer que, pour des raisons pratiques, seules les deux premières hypothèses seront vérifiées.

Expériences

Préciser, pour les CP, que pour tester un facteur, il faut l'enlever. Par exemple, si la nécessité d'eau est testée, il faudra supprimer ce facteur.

Pour les CE1 et CE2, on peut leur laisser le deviner. Ensuite, la schématisation est plus ou moins guidée en fonction du niveau de la classe. Les élèves travaillent par groupes de deux ou trois.

Distribuer à chaque groupe le tableau des expériences à réaliser (*cf.* CD). Les deux lignes du bas sont à compléter à l'issue des expériences. Laisser les élèves observer les dessins et comprendre ce qu'il y a à faire. Au besoin, les aider.

Expliquer, si nécessaire, les différentes vignettes :

lumière

pas de lumière

eau

pas d'eau

Ainsi, les enfants doivent réaliser les trois expériences suivantes pour vérifier leurs hypothèses :

- Besoin d'eau : pas d'arrosage, ce qui permet d'enlever ce facteur.
- Besoin de lumière : disposition des plantes dans une pièce obscure, ce qui permet d'enlever ce facteur.
- Expérience témoin à réaliser avec les deux facteurs présents (pièce éclairée et arrosage), pour bien montrer que lorsque toutes les conditions sont réunies, la plante continue à se développer normalement.

Les expériences sont ensuite réalisées par les élèves.

Quelques plantes sont placées à l'obscurité afin de tester la nécessité de la lumière. Elles sont régulièrement arrosées. Les autres sont placées à la lumière, mais ne seront pas arrosées afin de vérifier l'importance de l'eau. Ne pas oublier de réaliser l'expérience témoin.

Observations et conclusions

Deux semaines après, les résultats sont observés.

Les enfants constatent que les plantes se développent lorsque tous les facteurs sont présents ; en revanche, les plantes non arrosées sont toutes sèches et mortes, alors que celles placées dans l'obscurité sont « blanchies » et vont bientôt mourir.

Lorsque la plante meurt, les élèves écrivent un *moins* sur la troisième ligne du tableau ; si elle est vivante, ils inscrivent un *plus* comme dans l'exemple ci-après.

Donner la conclusion de ces expériences sur la dernière ligne :

– en collant les pictogrammes correspondants pour les CP ;

– en écrivant une phrase de synthèse pour les CE1-CE2.

Expliquer aux CP, si nécessaire, la signification des différents pictogrammes et préciser qu'ils vont devoir choisir celui qui convient.

En synthèse, dire aux élèves que, pour qu'une plante pousse, il lui faut de l'eau et de la lumière : les hypothèses ont donc toutes été vérifiées.

Exemple CP

–	–	+

Exemple CE1-CE2

Hypothèse	Nécessité de lumière	Nécessité d'eau	Expérience témoin
Expérience			
Résultat	–	–	+
Conclusion	La plante a besoin de lumière.	La plante a besoin d'eau.	

Réaliser un jardin écologique

CP - CE1

Programme : Identifier ce qui est animal, végétal, minéral ou élaboré par des êtres vivants.

Objectif : Au travers d'une activité ludique, le jardinage, découvrir les grands principes de fonctionnement des végétaux (germination, croissance, reproduction, nutrition).

Matériel :
- Des graines variées apportées par les enfants (graines de récupération qui « trainent » chez les parents ou grands-parents).
- Pour les semis en classe : des pots de yaourt en plastique, de la terre, des ciseaux, des lampes, des étiquettes autocollantes, des plateaux de cantine, des boites en plastique transparentes, un minuteur électrique, une multiprise.
- Pour les semis en pleine terre : des petits outils de jardinage, une bêche et un râteau, des tuteurs, des arrosoirs.

Déroulement

Trouver dans l'école ou non loin de l'école (des sorties ponctuelles à pied peuvent être organisées) une parcelle de terrain cultivable pouvant héberger le jardin.

Remarque
Dans les adresses utiles sont proposés des sites Internet contenant de nombreuses informations sur les dates de semis, les techniques de jardinage… (voir p. 157).

Étape 1

Exposer le projet aux enfants et présenter le matériel nécessaire. Expliquer que, dans un premier temps, des semis seront réalisés en classe dans les pots de yaourt puis repiqués dans le jardin.

Les graines apportées par les enfants sont observées. Faire remarquer leur variété de forme, de taille. Un petit exercice sur leur mode de déplacement peut être alors envisagé : graines emportées par les animaux, comme celles de tournesol ; graines déplacées par le vent ; d'autres mangées par l'animal et libérées dans ses excréments car non digérées, comme les pépins d'orange ou de citron… Un inventaire est réalisé.

Étape 2

Proposer une recherche sur Internet, dans des livres et à la maison, afin de réaliser un « calendrier du jardin ». Les enfants trouvent à partir de quelle période des semis en classe peuvent être réalisés, quand les repiquer dans le jardin (c'est-à-dire les replanter pour favoriser la croissance dans de meilleures conditions), à quelle époque certaines graines (les radis, par exemple) peuvent être semées directement en pleine terre.

En bilan, un calendrier mensuel est réalisé sur une grande feuille. Des codes couleur sont utilisés pour visualiser les différentes périodes : semis en classe, semis en pleine terre, repiquage et éventuellement récolte.

Étape 3

Organiser une séance au jardin à l'automne ou au début de l'hiver, afin de préparer la terre en la retournant et en la désherbant.

Étape 4

Demander aux enfants de réaliser les semis en classe.

Donner les consignes suivantes au fur et à mesure (un protocole quasi similaire est illustré dans le CD pour l'expérience 9 ; au besoin, s'y reporter) :

• Percer le fond des pots de yaourt de quatre trous afin de permettre l'écoulement de l'eau d'arrosage. Les remplir de terre jusqu'à un centimètre du bord.

• Semer les graines choisies (de deux à six graines par pot, en fonction de leur taille).

• Étiqueter les pots et écrire le nom de la plante.

• Disposer les pots dans les boites en plastique transparentes. Elles permettront de récupérer l'eau d'arrosage qui est en excès. Disposer les boites en plastique dans des plateaux de cantine, ce qui permettra de ne pas salir la classe et de les déplacer facilement.

• Arroser.

• Éclairer 12 heures par jour à l'aide de lampes branchées sur une prise multiple. Pour cela, programmer le minuteur sur la prise. Si cela n'est pas possible, poser les cultures à côté d'une fenêtre. Dès la germination, tourner régulièrement les pots car les plantes vont se diriger vers la lumière et prendront une forme qui ne sera pas compatible avec un repiquage. Si l'enseignant ou un autre adulte est bricoleur, l'idéal est d'éclairer à l'aide de tubes au néon posés sur un support. Ces derniers permettront un éclairage homogène.

Veiller à bien programmer ces semis en fonction des dates de repiquage.

Certaines plantules issues de la germination, comme la salade et la carotte, doivent être repiquées assez vite car elles « montent » rapidement et deviennent alors fragiles.

Étape 5

La suite se déroule au jardin.

Réaliser le repiquage en fonction du calendrier des semis réalisés en classe et des semis des autres graines en pleine terre.

Arroser copieusement.

Il ne reste alors plus qu'à aller régulièrement au jardin pour l'arroser, désherber et mettre des tuteurs sur certaines plantes (tomates, haricots verts grimpants...).

Variante

Il est aussi possible de fleurir le jardin en y plantant des bulbes. Tout comme pour les graines, il faut d'abord réaliser un calendrier des plantes à bulbe avant de procéder au jardinage.

Prolongement

Le jardin écologique peut être utilisé pour observer et étudier la germination des graines, l'organisation d'une fleur, le rôle des différents organes de la plante, le cycle de vie d'une plante (le haricot, par exemple), les conditions et la vitesse de germination des graines, les différents types de graines...

À quoi servent les organes de la plante ?

CP - CE1 - CE2

Programme : Identifier ce qui est animal, végétal, minéral ou élaboré par des êtres vivants.

Objectif : À partir d'expériences simples, découvrir le rôle des principaux organes de la plante : en quoi permettent-ils sa croissance ?

Matériel :

- Des plantes en pots de petite taille (à « sacrifier »).
- Des fleurs d'œillet blanc.
- Des branches de cèleri.
- Des grands verres en plastique ou des pots de confiture.
- Du colorant rouge.
- Un schéma de la plante à compléter par élève.

➤ Expérience 16 – Le rôle des organes de la plante

Déroulement

Les différentes expériences proposées peuvent soit être réalisées les unes après les autres en plusieurs séances, soit réalisées durant la même séance et par différents groupes d'élèves. Dans ce cas, faire trois ou quatre groupes de deux pour chacune d'elles.

Poser le problème

Faire rappeler aux enfants ce qui, selon eux, permet à une plante de grandir, de pousser. Si l'expérience 14 n'a pas été réalisée, il est possible de les guider en comparant avec l'homme, qui a besoin, pour survivre, de boire et de s'alimenter.

Puis amener les enfants à se poser ces questions : Comment les plantes font-elles pour « boire et manger » ? Quelles parties de la plante lui permettent de « boire et manger » ?

En étudiant l'anatomie de la plante, les enfants ont observé trois principaux organes : les racines, la tige et les feuilles. Leur demander alors : Quel va être leur rôle respectif dans la croissance de la plante ?

Afin de le découvrir, les trois expériences suivantes vont être réalisées.

Expérience 1 : le rôle de la feuille

Distribuer à chaque groupe une plante en pot et l'aider à arracher la majorité de ses feuilles. En garder trois ou quatre que les enfants vont masquer à l'aide de deux morceaux de papier noir qui la prennent « en sandwich » et qui sont maintenus par des trombones.

Après quelques jours, les feuilles restantes commencent à jaunir. Les enfants constatent que la plante est malade. Demander aux enfants si les feuilles sont desséchées. La réponse est non. La plante n'est donc pas dans cet état suite à un manque d'eau. En déduire que la plante ne s'alimente plus correctement. Ainsi, les feuilles sont les parties de la plante qui permettent à la plante de se nourrir. On peut préciser qu'elle fabrique ses aliments au niveau des feuilles à l'aide de la lumière du soleil. Sans lumière, les feuilles jaunissent puis la plante meurt.

Expérience 2 : le rôle des racines

Distribuer à chaque groupe une plante en pot et l'aider à couper la racine. La plante est laissée sur une assiette. Les élèves constatent rapidement que la plante se dessèche. Elle ne peut plus « boire ». La tige et les feuilles ne permettent pas à la plante de s'approvisionner en eau. Ainsi, ce sont les racines qui prélèvent l'eau dans le sol.

Expérience 3 : le rôle de la tige

Faire tremper la tige de l'œillet blanc dans le liquide coloré rouge. Quelques heures après, les enfants remarquent que les pétales deviennent finement colorés en rouge. Le liquide est donc monté du verre vers la fleur. La tige a permis la circulation de l'eau colorée du bas vers le haut.
Puis faire tremper une branche de cèleri dans ce liquide rouge. Quelques heures après, la classe observe par transparence que des petits tuyaux situés dans la tige se sont colorés en rouge. L'eau circule donc dans la tige dans des petits tuyaux.
Il est possible en fonction du niveau de classe de préciser le vocabulaire. Le liquide se nomme la **sève** et les tuyaux sont des **vaisseaux**. Cette sève circule dans les deux sens :
- des racines vers les feuilles pour alimenter en eau l'ensemble de la plante ;
- des feuilles vers les racines pour alimenter en nourriture les différentes parties.

Trace écrite

• Au CP, au CE1 et au CE2, les enfants complètent le schéma disponible dans le CD (expérience 16). Ils collent les vignettes représentant l'eau au niveau des racines et dessinent plusieurs flèches bleues qui visualisent sa circulation jusqu'aux feuilles et à la fleur.
Ils dessinent également plusieurs flèches rouges qui visualisent la circulation de la nourriture jusqu'aux racines.
Ils écrivent les légendes suivantes :
racines, tige, feuille.

Corrigé

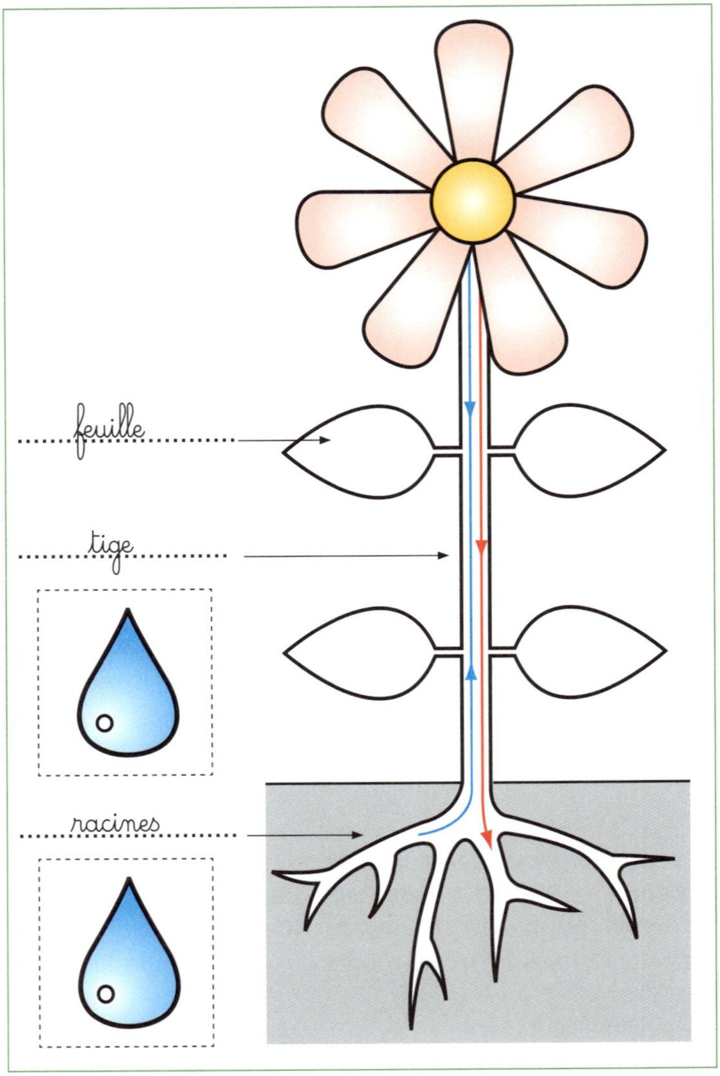

Qu'est-ce que les différentes plantes à fleurs ont en commun ?

CP - CE1 - CE2

Programme : Identifier ce qui est animal, végétal, minéral ou élaboré par des êtres vivants.

Objectif : Observer différentes plantes à fleurs et constater que, malgré leur variété de formes, elles possèdent toutes en commun une structure similaire et donc les mêmes organes.

Matériel :
- Des plantes à fleurs variées observées en salle et dans la cour de l'école.
- Un schéma de la plante à compléter par élève.

➤ Expérience 17 – Fleurs et racines

➤ Expérience 17 – La plante à fleurs

Déroulement

On va ici se contenter d'observer les plantes à fleurs, afin de ne pas trop compliquer cette étude. On ne parlera donc pas des algues, des mousses, des fougères...

Étape 1

Dans un premier temps, aller dans la cour et arracher avec précautions quelques plantes comme le pissenlit, le bouton d'or ou d'autres plantes qui sont en fleurs. Si cela n'est pas possible, se procurer quelques plantes en fleurs dans des godets en plastique (fraisier, œillets d'Inde, impatiens...).
Débarrasser les racines de leur terre.

Étape 2

Étaler sur une grande feuille blanche les différentes plantes « nettoyées ».
Faire trouver aux enfants les points communs entre toutes ces plantes.
Pour cela, partir du bas des plantes en allant vers le haut.
Les enfants vont remarquer qu'elles possèdent toutes des racines, puis une tige qui porte des feuilles et parfois des fleurs.

Étape 3

Proposer ensuite aux élèves de sortir dans la cour et faire observer un arbre. Demander : « Y trouve-t-on aussi ces différentes parties ? »

Au bas du tronc, ils peuvent voir le départ des racines. Le tronc correspond à la tige que l'on a pu observer sur les plantes plus petites. Il possède aussi des feuilles et sur certains arbres, comme le cerisier ou le marronnier, on observe des fleurs. Tous les arbres possèdent des fleurs, mais pour beaucoup elles sont discrètes et ne sont pas colorées.

Les plantes à fleurs sont donc toutes constituées des mêmes parties, qui correspondent à leurs organes :

- les racines ;
- une tige plus ou moins importante et qui souvent se ramifie ;
- des feuilles ;
- des fleurs.

Montrer la photo de la plante à fleurs avec racines (*cf.* CD).

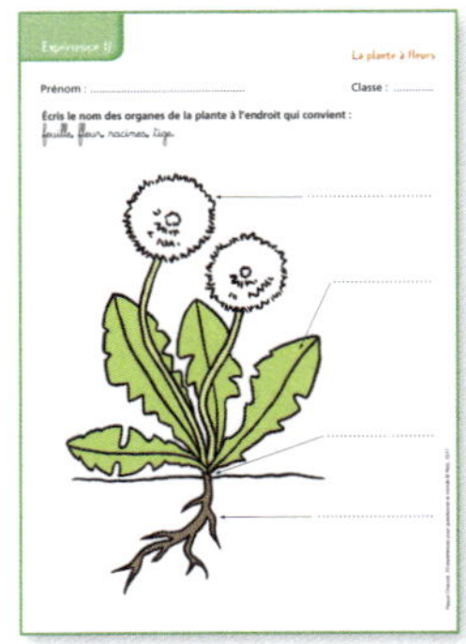

Trace écrite

• Au CP, au CE1 et au CE2, faire ajouter les légendes écrites sur le dessin de « La plante à fleurs ».

Voici le résultat obtenu :

Le régime alimentaire de l'escargot

CP - CE1 - CE2

Programme : Identifier ce qui est animal, végétal, minéral ou élaboré par des êtres vivants.

Objectif : Découvrir, à partir d'une démarche d'investigation, le type de régime alimentaire de l'escargot, avec ses préférences.

Matériel :
- Un élevage d'escargots.
- Des aliments variés d'origine végétale (salade, carotte, pomme de terre, tomate, pomme, morceau de pain…) et animale (morceau de viande de bœuf, jambon, blanc d'œuf…).
- Des pots en verre (type yaourt) pour permettre une observation aisée.

Remarque préalable

Cette démarche (qui suit celle décrite dans l'expérience 13) est simple à mettre en place car les enfants trouvent de nombreuses hypothèses et inventent aisément les expériences permettant de les vérifier.

Pour que les enfants puissent rapidement observer le résultat de leur expérimentation, il est préférable d'« affamer » les escargots en les faisant jeuner durant deux semaines environ.

Déroulement

Par groupes de deux ou trois, en fonction du nombre d'escargots à disposition, distribuer deux escargots.

Formulation des hypothèses

Dans un premier temps, les hypothèses sont émises par la classe sur leur mode de nutrition. Les deux principales catégories d'aliments vont généralement apparaitre. On peut alors aborder les différents types de régimes alimentaires. Amener les élèves à se poser cette question : « L'escargot est-il herbivore, carnivore ou omnivore ? »

Rappeler éventuellement leurs spécificités :
- Herbivore : qui se nourrit d'aliments d'origine végétale.
- Carnivore : qui se nourrit d'aliments d'origine animale.
- Omnivore : qui se nourrit d'aliments d'origine végétale et animale.

Dans un deuxième temps, on peut se poser la question de ses préférences alimentaires au sein d'un régime. Par exemple, préfère-t-il la salade ou la pomme de terre ?

Chaque groupe est invité à tester quatre hypothèses en expérimentant, dans la mesure du possible, deux aliments dont le résultat est négatif et deux autres dont le résultat est positif.

Expérience

Chaque escargot est disposé dans un pot en verre. Veiller à ce que les enfants les manipulent doucement afin qu'ils sortent le plus rapidement possible de leur coquille. Un aliment est disposé dans le pot.
Les élèves observent.

Aliments testés : salade, jambon, carotte, bœuf.

Attention ! Si l'escargot va sur l'aliment, cela ne signifie pas obligatoirement qu'il en consomme. Bien faire vérifier après coup qu'il a été en partie mangé. Demander aux groupes d'attendre environ trois à quatre minutes pour chacune des expériences.

Observations et conclusions

Les résultats peuvent être présentés sous forme d'un tableau qui sera complété au fur et à mesure des observations :
– en début de CP, les aliments sont dessinés dans le tableau ;
– en fin de CP, au CE1 et au CE2, le nom des aliments est écrit.

Écrire un *plus* (+) lorsque l'aliment est mangé, un *moins* (–) s'il est ignoré. Il est possible d'affiner le résultat en notant « +/– » s'il le goute, mais sans plus, et noter la voracité de l'animal en modulant le nombre de *plus* :
+ = le mange normalement ;
++ = le mange rapidement.

Pour conclure, faire observer le tableau : les élèves constatent que seuls des aliments d'origine végétale ont été consommés. L'escargot est donc un animal végétarien. Au sein de ce régime, il a des préférences alimentaires telles que la salade…

Le vivant et le non-vivant

CP - CE1 - CE2

Programme : Identifier ce qui est animal, végétal, minéral ou élaboré par des êtres vivants.

Objectif : Apprendre à différencier le vivant du non-vivant en découvrant les caractéristiques propres aux êtres vivants.

Matériel :

- Des animaux mobiles (hamster de la classe, ver de terre, escargot, phasme, poisson rouge…) et des animaux immobiles ou peu mobiles (huitre, oursin, une éponge naturelle, qui est un animal…).
- Des végétaux (plantes de la classe, algues, mousses, fougères…).
- Des pierres.
- Un téléphone.
- Un jouet télécommandé.
- Une bouteille.
- De l'eau.
- Les cartes illustrées de l'ensemble des éléments choisis.

➤ Expérience 19 – Cartes vivant/Non vivant

Croisements entre enseignements **Français** : « Langage oral » ; « Participer à des échanges dans des situations diversifiées ».

Déroulement

Étape 1

Faire observer aux enfants, en les présentant, les différents éléments décrits dans le matériel. Bien entendu, cette liste est à adapter en fonction du matériel disponible et du choix de l'enseignant.

Distribuer les fiches du CD les représentant. Les enfants découpent les différentes cartes. Répartir les élèves par groupes (selon le nombre de groupes, il sera peut-être nécessaire de dupliquer les cartes).

À l'aide de leurs connaissances et des observations réalisées sur les éléments « réels », demander aux enfants de trier les différentes cartes en deux groupes : le vivant et le non-vivant.

Dans cette étape, les élèves sont donc amenés à émettre des hypothèses sur ce qui est vivant et sur ce qui ne l'est pas, en s'appuyant sur divers critères (« ça bouge, ça fait du bruit… »).

Étape 2

Mettre en commun les résultats proposés et interroger sur les critères utilisés par les élèves et qui ont permis ce classement. Une discussion s'ensuit, lors de laquelle les groupes argumentent afin de justifier leur tri.

Bien souvent, pour les enfants, les animaux qui ne bougent pas et les végétaux ne sont pas classés dans le vivant. Pour eux, ce qui bouge est vivant. Leur montrer que le jouet télécommandé ou des aimants qui s'attirent peuvent bouger, mais que ce ne sont pas des êtres vivants. Au contraire, les végétaux qui peuvent grandir et se reproduire sont des êtres vivants.

D'autres critères non valides peuvent être proposés par les enfants : le fait d'émettre des sons (instrument de musique), de marcher (robot) ou de voler (avion) n'est pas le propre du vivant.

Dans cette étape, les élèves sont donc amenés à :

- comparer leur argumentation avec celle d'autres groupes qui n'ont pas émis les mêmes hypothèses (« ce n'est pas parce que cela bouge que c'est vivant ») ;
- remettre en cause leur argumentation en cas d'erreur.

Étape 3

À l'issue de cet échange, les élèves, avec l'aide de l'enseignant, arrivent à une conclusion finale définissant le vivant et le non-vivant.

Ce qui caractérise le vivant est la capacité à **se reproduire**, à **grandir** et à **produire** soi-même de l'**énergie** essentiellement lors de la respiration. Pour cela, les êtres vivants ont besoin de **nourriture**, qu'ils trouvent dans le milieu où ils vivent lorsque ce sont des animaux ou qu'ils fabriquent eux-mêmes lors de la photosynthèse lorsque ce sont des végétaux.

La diversité des animaux de la cour de l'école

CP - CE1 - CE2

Programme : Identifier les interactions des êtres vivants entre eux et leur milieu.

Objectifs :
- Observer et nommer les différents animaux présents dans la cour de l'école.
- Prendre conscience de leur diversité.

Matériel :
- Un livre de détermination des oiseaux (ou des documents trouvés sur Internet).
- Des insectes.
- Des loupes et des paires de jumelles.
- Des petites cuillères et des pinces pour attraper les animaux.
- Des boites percées de trous fins et des pots fermés avec un filet ou une gaze pour y déposer les animaux.
- Un jeu de cartes d'animaux préalablement préparé par l'enseignant.

➤ Expérience 20 – Cartes-photos

Préparation

Préparer à l'avance le jeu de cartes avec les animaux : chercher sur Internet les photographies des animaux qui vont pouvoir être observés par les enfants. Les imprimer et les coller sur un support cartonné ou sur du bristol. Chaque animal doit être représenté en plusieurs exemplaires. Ce jeu pourra être complété au fur et à mesure des découvertes.

Prévoir également des cartes vierges afin d'y marquer le nom d'un animal nouvellement découvert.

Voici des exemples d'animaux à chercher : araignée, abeille, papillon, mouche, puceron, chenille, sauterelle, grillon, cloporte, millepatte, ver de terre, escargot, mésange, hirondelle, moineau, merle, pinson, pigeon, pie, écureuil et tout autre animal qui peut être propre à l'environnement de l'école.

Préparer également à l'avance les boites et les pots permettant de récupérer les animaux trouvés. En prévoir un nombre suffisant.

Déroulement

Collecte

Au début du mois de septembre ou à partir du printemps, une sortie est organisée dans la cour de l'école où a été défini au préalable un « périmètre de découverte ». Les élèves doivent, par groupes de trois, rechercher la plus grande diversité d'animaux possible.

Dès qu'un animal est trouvé et lorsque cela est possible (animaux de petite taille tels qu'insectes, araignées, vers de terre...), ils l'attrapent délicatement et le déposent dans une boite ou un pot fermés avec une gaze. La récolte est présentée régulièrement à l'enseignant, puis chaque animal est reposé là où il a été trouvé. Pour chaque animal découvert, la carte qui lui correspond est donnée au groupe.

Lorsqu'il n'est pas possible pour les enfants d'attraper l'animal (oiseau, écureuil...), ils vont chercher le plus discrètement possible l'enseignant et le lui montrent.

Afin de motiver les élèves, il est possible de préciser que l'équipe gagnante est celle qui a trouvé en premier six espèces différentes d'animaux.

De retour en classe, récupérer l'ensemble des cartes : ce jeu correspond donc au recensement des animaux de l'école.

Remarque
Certains animaux tels que des oiseaux, qui sont normalement présents, n'ont pas été vus car effrayés par les élèves. Une observation par la fenêtre de la classe peut alors être réalisée. Si, durant les semaines suivantes, d'autres animaux sont observés lors des récréations, ils peuvent être ajoutés.

Classement

Demander à chaque groupe de classer les différents animaux rencontrés à l'aide des cartes.
• On peut réaliser différents types de classements :
– du plus petit au plus grand ;

– en fonction du mode de déplacement (marche, saute, vole, rampe…) ;
– du plus lent au plus rapide.

• Un classement en fonction des caractéristiques des différentes espèces est envisageable, ce qui va permettre de mettre en évidence la diversité des animaux trouvés dans la cour :

– Distinguer vertébré (présence d'un squelette, d'une colonne vertébrale) et invertébré (pas de squelette ou squelette externe tel qu'une carapace). Chez le poisson, il y a des arêtes ; lorsque l'on mange du poulet, une côte d'agneau ou de porc, il y a des os qui sont caractéristiques des vertébrés (la colonne vertébrale est constituée d'os, les vertèbres). Les invertébrés (comme le ver de terre) ne possèdent pas d'os et donc pas de colonne vertébrale.
– Reconnaitre, parmi les invertébrés, les insectes (trois paires de pattes, une paire d'antennes), les arachnides (quatre paires de pattes, pas d'antennes), les millepattes (grand nombre de paires de pattes, une paire d'antennes), les vers (pas de pattes, corps allongé et mou), les mollusques (corps mou protégé dans une coquille)…
– Classer les différents vertébrés observés (mammifères, oiseaux…).

Ce travail peut être accompagné d'une recherche sur Internet où il existe de nombreux sites ou blogs présentant une classification simplifiée des animaux.

Trace écrite

Suite à cette classification, il est possible de réaliser une affiche collective des « Animaux présents dans l'école » (elle est illustrée par les cartes à jouer).
Elle peut être complétée durant l'année au fur et à mesure des différentes découvertes.

Le tri des déchets

CP - CE1 - CE2

Programme : Identifier les interactions des êtres vivants entre eux et avec leur milieu.

Objectifs :
- Établir une liste des matériaux recyclables, en s'appuyant sur des recherches (Internet ou document lié à la collecte des déchets dans la ville) et sur des emballages.
- Apprendre à trier les déchets.

Matériel :
- Le contenu d'une poubelle dont les déchets salissants auront été prétriés et pour certains nettoyés (voir le déroulement ci-dessous).
- Des grandes caisses en plastique pour faire le tri.
- Une balance.
- Une affiche présentant les différents déchets et comment les trier et/ou des prospectus expliquant le tri (à se procurer auprès de la mairie ou à imprimer après une recherche sur Internet).

Croisements entre enseignements **Enseignement moral et civique** : « Le droit et la règle » ; « Respecter les autres et les règles de la vie collective ».

Déroulement

Étape 1

Dans un premier temps, montrer le contenu d'une poubelle à la classe en étalant sur une table de la classe les déchets qui sont en partie déjà organisés et nettoyés. Elle contient :
- des bouteilles plastiques ;
- des briques en carton ;
- des épluchures, morceaux de pain et tout autre aliment pouvant aller dans un bac à compost, enfermés dans un sac plastique transparent ;
- des déchets alimentaires (restes de poulet...), ne pouvant aller dans un bac à compost, dans un sac plastique transparent ;
- des plastiques non recyclables (films, emballages, pots de yaourt...) ;
- des déchets non recyclables enfermés dans un sac plastique transparent (papiers gras, mouchoirs...) ;
- des canettes en aluminium ;
- des boites de conserve nettoyées ;
- des bouteilles en verre ;
- des piles ;
- des journaux, des revues, des prospectus publicitaires... ;
- du carton...

L'ensemble de la poubelle est pesée au départ. Cette mesure permettra aux enfants de mieux visualiser la quantité de déchets qui peut être triée puis recyclée.
Faire trier cette poubelle en deux parties :

- les déchets qui, selon les élèves, doivent être triés et qui pourront être déposés dans des bacs ou poubelles spécifiques ;
- ceux qui ne peuvent pas l'être et qui seront déposés dans une poubelle normale.

Étape 2

Présenter ensuite l'affiche et/ou les documents qui montrent comment trier les déchets.

Le plus souvent, les enfants découvrent que de nombreux déchets qu'ils auraient mis directement à la poubelle peuvent être triés.

Suite à un échange collectif, ils retirent de la poubelle normale les déchets qui en fin de compte peuvent être triés.

Les déchets de la poubelle normale sont alors pesés et comparés au poids de la poubelle au départ, si aucun tri n'avait été effectué.

Il est important de souligner cette différence qui justifie ainsi l'utilité du tri dans la préservation de notre environnement : ce qui est trié peut être en partie recyclé et réutilisé.

Donner éventuellement quelques exemples de produits recyclés : le vieux papier permet d'obtenir du carton d'emballage ou du papier journal ; les bouteilles en plastique servent à fabriquer des tuyaux, des fibres synthétiques et même des bancs publics !

Étape 3

Expliquer alors aux enfants que le tri doit être sélectif et que l'on ne jette pas tout ce qui peut être trié dans la même poubelle de tri :

- De nombreux emballages ménagers doivent être jetés dans la même poubelle qui est le plus souvent (mais cela dépend des communes) de couleur jaune : les bouteilles en plastique (comprenant les petites bouteilles de boisson lactée comme les yaourts à boire, les flacons de produits ménagers et de toilette comme les shampoings, avec les bouchons), les briques en carton, le papier, le carton, les boites de conserve, les canettes et les barquettes en aluminium avec leur couvercle en métal (peu importe si l'emballage est encore un peu imprégné de sauce tomate ou de yaourt à boire ; inutile de le laver, il suffit simplement de bien le vider).
- Les bouteilles en verre doivent être déposées soit dans une poubelle spécifique, soit dans des bacs spéciaux implantés dans la commune.
- Les matières organiques recyclables, lorsque cela est possible, sont à mettre dans un bac à compost.
- Les piles sont à déposer dans des bacs spéciaux que l'on peut trouver dans de nombreux lieux publics.

Rappeler que tout ce qui est non recyclable va dans la poubelle normale.

Suite à cette explication, disposer dans la classe des bacs correspondant au tri sélectif.

Une étiquette est collée sur chaque bac, si possible de couleur pour faciliter le repérage (adapter la couleur aux poubelles de sa commune). Par exemple :

– vert : bouteilles en verre ;
– jaune : bouteilles en plastique, briques, papier, carton, boites de conserve, canettes ;
– noir : déchets organiques ;
– petit bac : piles.

Les enfants sont invités à déposer chaque déchet observé dans l'étape 1 dans la bonne poubelle de tri. Ce nouveau tri s'effectue collectivement, au besoin avec l'aide de l'enseignant.

Proposer aux enfants de faire attention au tri dans la cour de l'école, dans la rue ou à la maison, afin de s'entrainer à adopter un comportement responsable.

Prolongement

Utiliser certaines de ces poubelles tout au long de l'année pour trier les déchets de l'école (voir l'expérience 22 : « Le recyclage à l'école »).

Le recyclage à l'école

CP - CE1 - CE2

Programme : Identifier les interactions des êtres vivants entre eux et avec leur milieu.

Objectif : Mettre en place des dispositifs de recyclage des déchets au sein de l'école.

Matériel :
- Des cartons.
- Un bac pour recycler les piles (il est possible de s'en procurer gratuitement à la mairie de sa commune).

Croisements entre enseignements **Enseignement moral et civique** : « Le droit et la règle » ; « Respecter les autres et les règles de la vie collective ».

Déroulement

Si l'activité précédente « Le tri des déchets » (expérience 21) n'a pas été réalisée en classe, rappeler rapidement que de nombreux déchets peuvent être triés afin d'être recyclés. En présenter la liste :

– Les bouteilles en plastique (y compris les petites bouteilles de boisson lactée comme les yaourts à boire, les flacons de produits ménagers et de toilette comme les shampoings, avec les bouchons).

– Les briques en carton, le papier, le carton.

– Les boites de conserve, les canettes et les barquettes en aluminium avec leur couvercle en métal.

– Les bouteilles en verre.

– Les matières organiques recyclables.

– Les piles.

Rappeler que tout ce qui est non recyclable va dans la poubelle normale.

Demander aux enfants :

- quels sont, parmi ces déchets, ceux que l'on produit en abondance à l'école, ceux que l'on produit à la maison mais qui pourraient être collectés à l'école ;
- quelles actions pourraient être envisagées dans l'école afin de réaliser des collectes de déchets.

Les enfants proposent de ne plus jeter leurs papiers (brouillons, découpages…) dans la poubelle classique, mais dans un carton qui sera placé à côté et dont le contenu sera placé régulièrement dans la poubelle de tri de l'école.

Il peut être décidé de placer ce type de carton un peu partout dans l'école afin que « plus aucun papier n'échappe au recyclage ». Pour qu'ils soient reconnaissables par tous, on peut envisager de les décorer tous de la même façon.

Un bac de collecte de piles peut aussi être installé dans l'école.

Préciser que cette démarche civique permet donc de faire des économies, mais aussi de moins polluer notre planète. En effet, le fait de trier les papiers et les cartons permet d'éviter l'abattage de nombreux arbres ; quant aux piles, cela aide à limiter la pollution, car les produits qu'elles contiennent sont toxiques.

Ajouter que ces nouvelles règles de tri à l'école doivent être respectées par tous.

En pesant la quantité de papier récupérée, par exemple sur une semaine, ce qui sera plus concret pour les enfants, on peut calculer le nombre d'arbres sauvés sur une année. Préciser que le recyclage de 60 kg de papier permet en moyenne de sauver un arbre.

Variante

On peut aussi envisager de faire un tri à la cantine, mais la gestion de ce type d'action est plus lourde. On peut toutefois envisager de le faire sur une journée, pour que les enfants réalisent l'importance d'essayer de faire ce tri à la maison.

Construire une chaine alimentaire

CE2

Programme : Identifier les interactions des êtres vivants entre eux et leur milieu.

Objectifs :
- Étudier le contenu d'une pelote de réjection afin de déterminer le régime alimentaire du rapace (le plus souvent, les pelotes sont celles de chouettes).
- Rechercher (à la bibliothèque ou sur Internet) le régime alimentaire des animaux mangés par le rapace. À partir de l'ensemble des données, un réseau alimentaire peut être construit.

Matériel : (pour un groupe)
- Pelote de réjection.
- Pinces (à épiler ou de dissection).
- Une ou deux épingles.
- Feuille blanche.
- Verre.
- Eau.

Rappel pour l'enseignant

L'expérience se fait à partir de pelotes de réjection de rapace. Lors de la digestion d'une proie, les poils, les os et autres parties dures ne sont pas éliminés. Les rapaces font une boule à partir de tous ces déchets et la recrachent. C'est une *pelote de réjection* (ou de *régurgitation*).

Le plus facile est de s'en procurer auprès d'organismes spécialisés (voir coordonnées en fin d'ouvrage, p. 157). En effet, suite à la grippe aviaire, les pelotes de réjection doivent avoir été stérilisées avant toute utilisation. Leur prix à l'achat est élevé, mais les os issus de la dissection peuvent être ensuite réutilisés lors de nombreuses séances.

Déroulement

Dissection de la pelote

Faire tremper la pelote durant 5 minutes dans le verre d'eau.

La déposer sur la feuille de papier et l'ouvrir à l'aide des pinces et de l'épingle. Dégager l'ensemble des os, des crânes et des dents en enlevant les poils qui les entourent.

Bien nettoyer chaque pièce en la trempant dans le verre d'eau.

L'identification des proies se fait essentiellement à partir des dents, que l'on trouve soit seules, soit fixées sur une mâchoire ou un crâne.

Dents de musaraigne **Dents de mulot** **Dents de campagnol**

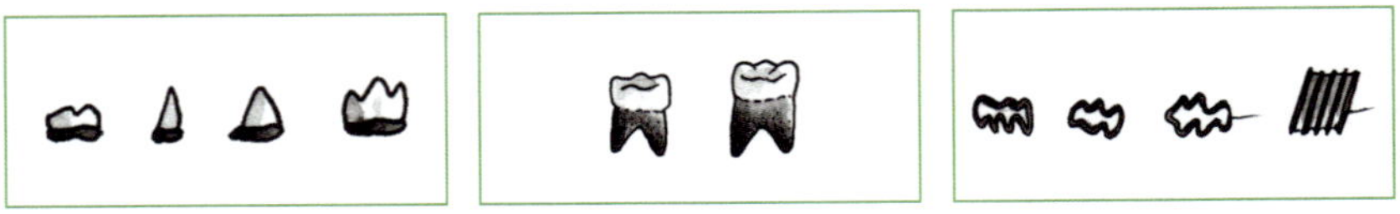

Les trois principales espèces que l'on trouve sont le campagnol, le mulot et la musaraigne. Parfois, un crâne d'oiseau est reconnaissable par son bec. Une pelote peut aussi contenir des élytres de coléoptères (grosses ailes rigides et souvent noires qui protègent l'autre paire d'ailes utilisée pour le vol).

Construire le réseau alimentaire

Suite à la dissection, après avoir cherché le régime alimentaire des animaux trouvés dans la pelote, les élèves pourront construire ce type de réseau alimentaire (ou réseau trophique).

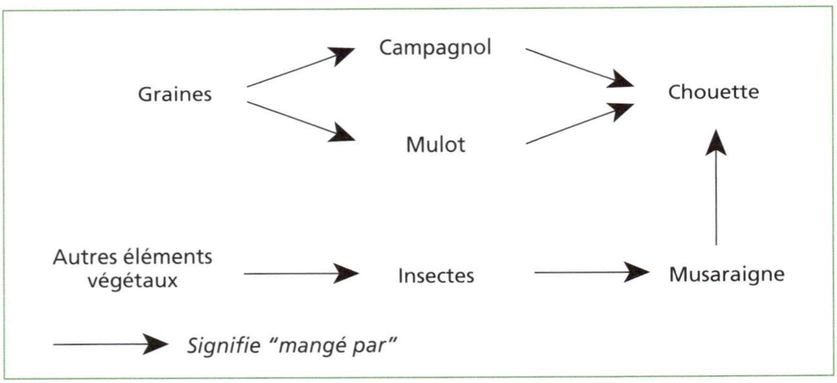

Prolongement

Les os obtenus suite à la dissection peuvent aussi être utilisés pour la reconstitution d'un squelette de mammifère dont on pourra se servir, par exemple, dans l'étude d'une articulation.

Pour plus d'informations, se procurer le numéro 25 de *La Hulotte* : « La Chouette hulotte – les pelotes de réjection » (coordonnées en fin d'ouvrage, p. 157).

La biodiversité dans deux milieux

CE2

Programme : Identifier les interactions des êtres vivants entre eux et avec leur milieu.

Objectif : Découvrir la diversité des animaux et des végétaux dans deux milieux différents, apprendre au groupe classe à coopérer, à travailler en équipe.

Matériel :
- 4 piquets en bois ou des plots.
- 80 mètres de ficelle ou de corde.
- Un décamètre.
- Des cuvettes ou des récipients permettant de disposer les récoltes d'animaux et de végétaux.
- Des paires de pinces.
- Des loupes.
- Un crayon par élève.
- Un appareil photo.
- Les photocopies « Tableaux des découvertes »

➤ Expérience 24 – Tableaux des découvertes

Informations pour l'enseignant

Le projet, ici, porte sur l'étude de deux milieux différents. L'un a été créé totalement par l'homme, la cour de l'école, et l'autre est certes contrôlé par l'homme, mais semble beaucoup plus « naturel » : la forêt, un champ ou, à défaut, la pelouse de l'école.

Le principe de l'expérience est de mettre en évidence l'importance de la **biodiversité** en fonction du milieu étudié. On pourra ainsi voir qu'un lieu comme la cour de l'école, qui est profondément remanié par l'homme, présente une faible biodiversité, alors que dans un lieu moins contrôlé elle est beaucoup plus importante.

Le moment de récolte peut être une occasion pour proposer d'autres activités telles que la classification des animaux, des végétaux, ou pour faire une évaluation si cela a déjà été traité.

Déroulement

Étape 1

Dans la cour, réaliser à l'aide du décamètre un carré de 20 m x 20 m. Si possible y englober un arbre, une aire de jeu, des marches ou gradins… sur où pourront être observés quelques animaux et végétaux. Il sera délimité à l'aide de piquets ou de plots avec de la ficelle.

Répartir les élèves sur la largeur des 20 mètres en deux groupes placés face à face. Ainsi chacun des groupes explorera une largeur de 10 mètres.

Les faire avancer doucement. Ils observent minutieusement la zone qu'ils ont à explorer et complètent les « Tableaux des découvertes ».

Pour les végétaux, ils notent le nom de l'espèce observée, s'ils la connaissent, dans le tableau. Ils peuvent demander la réponse à l'enseignant, et si celui-ci l'ignore, l'espèce est alors récoltée ou prise en photo pour une détermination ultérieure.

Le même travail est réalisé pour les animaux. La loupe les aidera pour l'identification.

En classe, une synthèse est ensuite réalisée. Les différentes espèces observées sont comparées puis comptées. Cela permet de dénombrer les espèces végétales et animales présentes et de voir si elles sont nombreuses et diversifiées (plus d'invertébrés que de vertébrés, plus d'herbacées que de feuillus, de mousses, etc.).

Étape 2

Le même travail est réalisé dans une forêt ou tout autre lieu proche de l'école, ou dans l'école elle-même. Un carré identique est délimité, mais ici les observations doivent être plus minutieuses car il existe un grand nombre d'espèces qui peuvent être cachées dans l'herbe, sous les feuilles ou les pierres.

Ces expériences permettent de mettre en évidence la biodiversité, soit la quantité d'espèces animales et végétales présentes en un lieu précis. Les élèves réalisent que l'activité humaine diminue la biodiversité du lieu où elle s'exerce. Il y a ainsi plus d'espèces, de familles (arachnides, insectes, millepattes…) dans un lieu « sauvage » que dans une zone urbaine.

La contraction des muscles du bras

CE2

Programme : Repérer les éléments permettant la réalisation d'un mouvement corporel.

Objectif : Montrer que lors de sa contraction un muscle raccourcit et augmente son diamètre (épaisseur).

Matériel : Mètre à ruban.

Rappel pour l'enseignant

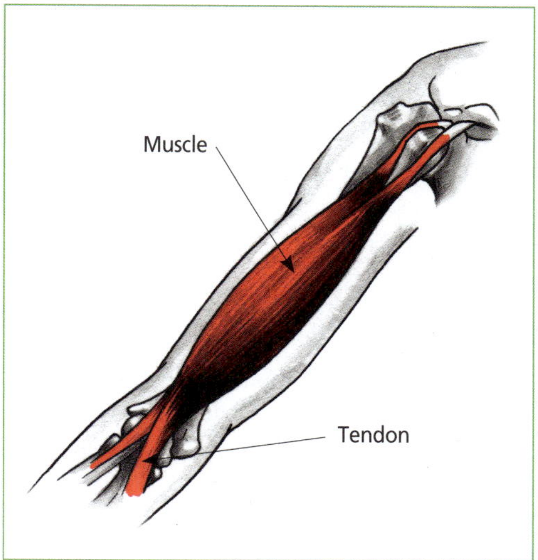

Les principaux acteurs du mouvement sont les muscles et le squelette.

Les muscles sont fixés sur les os grâce aux **tendons**, et ce sont les ligaments qui assurent la cohésion entre les os au niveau d'une articulation.

Le muscle, en se contractant, se raccourcit et tire sur les **tendons** qui vont mettre en mouvement l'articulation.

Les différents mouvements du corps sont assurés par les contractions ou décontractions synchrones de nombreux muscles.

Afin de comprendre comment bouge une articulation, deux expériences peuvent être réalisées :

- l'étude de la contraction des muscles du bras (expérience 25) ;
- la réalisation d'une maquette d'articulation qui permet de modéliser le mouvement (expérience 26).

Déroulement

Observation

La séance doit débuter par des observations réalisées collectivement.

Plier le bras et observer les muscles.

Retrouver avec la classe le nom du mouvement, la **flexion**, puis le nom du muscle qui se contracte, le **biceps**.

Formulation des hypothèses

Les élèves regardent puis touchent leur muscle suite à sa contraction lors de la flexion. Ils constatent qu'il « devient plus gros et plus dur ». Ceci correspond à sa contraction. Lorsqu'il se relâche, il est moins volumineux et plus mou.
Les élèves doivent alors émettre des hypothèses sur l'aspect du biceps lorsqu'il se contracte :
- il est plus gros et plus long ;
- il est plus gros et plus court ;
- il ne fait que grossir.

Expérience et résultats

Réaliser des mesures avec le mètre à ruban pour vérifier ces hypothèses.

Les mots *contracté* et *relâché* sont expliqués aux élèves.
Le principe de l'expérience est le suivant :
- mesure du tour du biceps lorsqu'il est relâché et contracté ;
- mesure de la longueur du biceps lorsqu'il est relâché et contracté.

- **Mesure du tour** : elle se fait à l'aide du mètre à ruban. En réalité, lors de cette mesure, on obtient un résultat pour le tour du bras et non du biceps. Elle englobe notamment un autre muscle, le triceps, qui est l'antagoniste du biceps, mais moins volumineux. On ne tiendra pas compte de cette approximation dans le cadre de cette observation avec les élèves.

- **Mesure de la longueur** : à l'aide d'un feutre, réaliser deux traits fins à l'extrémité supposée de chaque muscle. Ils serviront de repères pour les mesures, qui seront ainsi plus précises.

Pour que les résultats obtenus soient rigoureux et exploitables, on explique à la classe que la mesure doit être réalisée :
- au moins deux fois sur la même personne ;
- sur plusieurs personnes différentes.

Présenter les résultats sous forme de tableau.

		Laure		**Nicolas**	
		Biceps relâché	Biceps contracté	Biceps relâché	Biceps contracté
Tour du biceps	Mesure 1	21,4 cm	24,6 cm	18,6 cm	20,4 cm
	Mesure 2	21,2 cm	24,5 cm	18,6 cm	20,5 cm
Longueur du biceps	Mesure 1	9,8 cm	8 cm	9,6 cm	6,7 cm
	Mesure 2	9,7 cm	7,8 cm	9,6 cm	6,9 cm

Conclusion

Lorsque le muscle se contracte, il raccourcit et il gonfle.

Les mouvements du bras

CE2

Programme : Repérer les éléments permettant la réalisation d'un mouvement corporel.

Objectif : Exploiter les observations des expériences précédentes et d'utiliser la maquette d'articulation réalisée dans l'expérience 31.

Matériel :
- Maquette du bras (expérience 31).
- Dessin de synthèse du membre réalisé par l'élève en classe ou schéma de l'articulation du bras qui sera distribué.

Déroulement

Étape 1

Faire fléchir le bras aux élèves. Ils constatent que le muscle situé au-dessus (le biceps) raccourcit et que celui situé au-dessous (le triceps) s'allonge.

Leur faire réaliser le même mouvement avec la maquette. Ils doivent alors faire une analogie entre le bras et la maquette et trouver quelles sont les parties qui miment les muscles.

L'élastique 4 joue le rôle du biceps et le 3 celui du triceps.

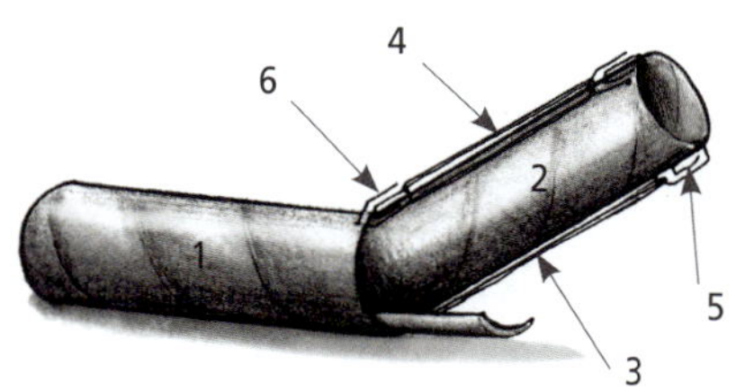

Étape 2

Un schéma de l'articulation du bras est distribué aux élèves. En fonction du travail déjà réalisé en classe, il leur est donné déjà légendé ou ils le légendent eux-mêmes. Puis ils essaient de retrouver à quelles parties du schéma correspondent les différentes parties de la maquette. Ils peuvent alors réaliser un schéma de leur maquette qu'ils vont faire correspondre avec celui du bras au niveau des légendes.

1 = os de l'avant-bras (radius + cubitus)

2 = os du bras (humérus)

3 = muscle, le triceps

4 = muscle, le biceps

5 et 6 = les tendons

Si vous en avez le temps et en fonction du niveau de la classe, avant de prendre connaissance du schéma, les élèves essaient par eux-mêmes, en groupes, de trouver à quoi peuvent correspondre les différentes parties de la maquette. Ensuite le travail est identique.

L'hygiène à l'école

CP - CE1 - CE2

Programme : Mettre en œuvre et apprécier quelques règles d'hygiène de vie.

Objectif : Découvrir les règles d'hygiène simples à respecter en collectivité.

Matériel :
- Une brosse à dents par élève.
- Du dentifrice.
- Tableaux des règles d'hygiène à compléter.

➤ Expérience 27 – Les règles d'hygiène à l'école – CP/CE1/CE2

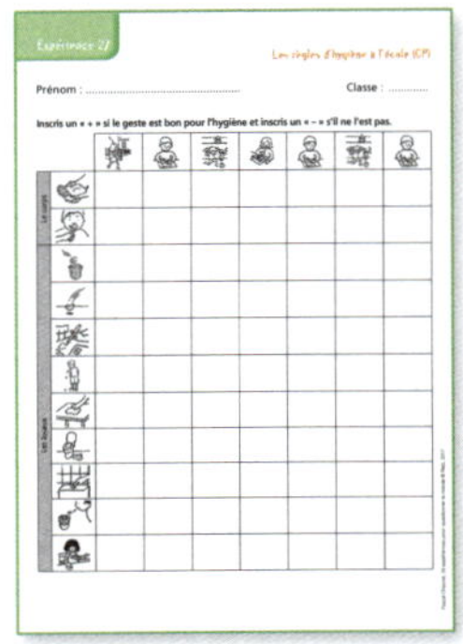

Croisements entre enseignements **Enseignement moral et civique** : « Le droit et la règle » ; « Respecter les autres et les règles de la vie collective ».

Déroulement

La journée à l'école est rythmée par des règles simples d'hygiène du corps, mais aussi des locaux. L'activité consiste à observer et à réaliser tous ces gestes simples d'hygiène durant une journée de classe.

Étape 1

En début de matinée, une discussion permet de revivre une journée normale d'école et toutes les règles d'hygiène sont listées tout au long de ce dialogue.

- **Règles d'hygiène du corps :** se laver les mains avant de manger après toute activité salissante, se brosser les dents après chaque repas, utiliser un mouchoir jetable pour éternuer et tousser (ou mettre son nez dans son coude, si on n'a pas de mouchoir, plus hygiénique que la main), jeter immédiatement ce mouchoir à la poubelle.
- **Règles d'hygiène des locaux :** jeter ses papiers et autres détritus à la poubelle, ne pas écrire sur les tables, jeter son chewing-gum dans une poubelle avant d'entrer dans l'école ou dans la classe (et surtout ne pas le coller sous la table), ne pas cracher, essuyer la table à la cantine, ne pas faire tomber à terre la nourriture, bien tirer la chasse d'eau aux toilettes, ne pas faire pipi à côté…

Étape 2

Un tableau visualisant ces différentes règles de vie est distribué à chaque élève : le tableau « Les règles d'hygiène à l'école » (en début de CP) ; le tableau « Les règles d'hygiène à l'école » (CE1-CE2) pour les autres niveaux ; mais il est possible de créer son propre tableau avec des données différentes.

Il est complété tout au long de la journée.

La journée est découpée temporellement de la façon suivante :

- arrivée à l'école ;
- activité en classe ;
- récréation du matin ;
- activité en classe ;
- repas pour ceux qui mangent à la cantine ;
- activité en classe ;
- récréation de l'après-midi ;
- activité en classe.

Ce découpage permet de faire prendre conscience aux enfants de leur comportement à certains moments de la journée. Il permet aussi de les aider à se repérer dans le temps.

Lorsque l'action est positive pour l'hygiène (lavage des mains, tirer la chasse d'eau...) un *plus* est porté dans le tableau ; lorsqu'elle est négative (cracher par terre, jeter un papier par terre...), un *moins* y est inscrit.

L'action doit être personnelle et se référer correctement au moment de la journée. Ainsi, si la table a été essuyée par l'élève après l'activité du matin, un *plus* est inscrit dans la deuxième colonne ; sinon, la case reste vide. De même, expliquer que le remplissage du tableau est fondé sur l'honnêteté de chacun. L'enfant ne doit donc pas hésiter à dire s'il a fait pipi à côté (à la récréation, par exemple) : ce n'est pas une bêtise ; le fait de le signaler permet surtout de faire attention la prochaine fois.

Nous proposons un exemple de tableau complété page suivante.

Étape 3

En fin de journée, une addition des *plus* et des *moins* permet de faire un bilan. Suite à cette mise en commun, les enfants prennent conscience de la nécessité d'avoir :

- une bonne hygiène du corps pour leur santé ;
- un respect de l'hygiène des locaux pour garantir une qualité de vie à l'école.

Cette expérience permet par ailleurs d'évaluer les compétences transversales présentées ci-dessus.

Exemple de tableau complété en début de CP

Le corps			+		+	+		+
					+			
Les locaux							+	+
			−	−				
			−			−		−
				−				
								+
				−				
	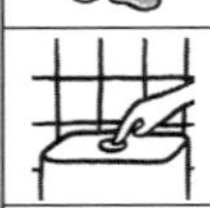			+			+	
		+	+					
					+			

3. Les objets techniques

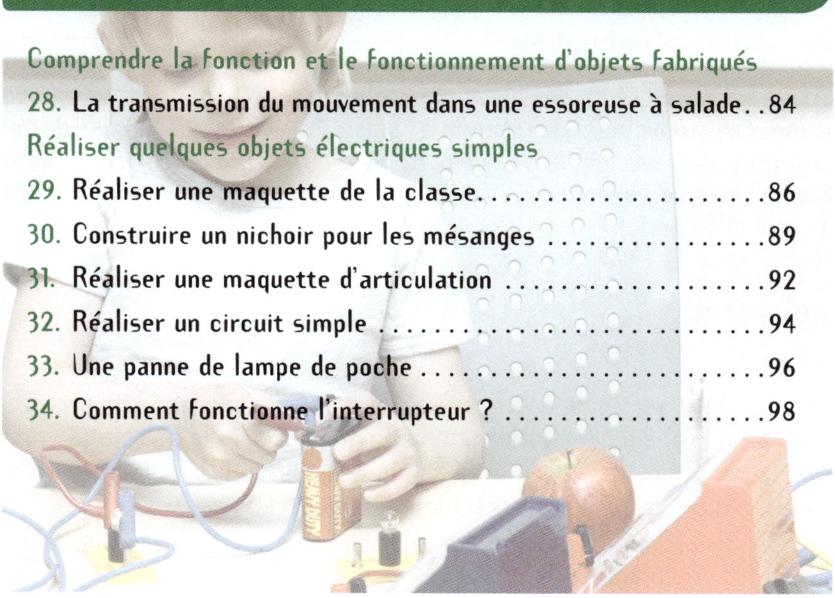

La transmission du mouvement dans une essoreuse à salade

CE2

Programme : Observer et utiliser des objets techniques et identifier leurs fonctions.

Objectifs :
- Observer un engrenage.
- Comprendre son fonctionnement à partir de l'étude d'un objet mécanique utilisé dans la vie quotidienne.

Matériel :
- Une essoreuse à salade pour deux élèves.
- Du ruban adhésif.
- Une pastille de couleur.

Rappel pour l'enseignant

Un **engrenage** est composé de deux roues dentées qui sont en contact. Le mouvement de l'une transmet son mouvement de rotation à l'autre. En fonction de la taille de la première roue par rapport à la seconde, le mouvement peut être accéléré (cas de la première plus grande que la seconde : exemple de l'essoreuse à salade) ou ralenti (cas de la première plus petite que la seconde).

Déroulement

Expérience 1

Les élèves découvrent le rôle de l'objet puis essaient d'en comprendre le principe. Puis, ils comparent la vitesse à laquelle ils tournent la poignée avec celle de rotation du panier.

En la faisant fonctionner, ils constatent que le mouvement qu'ils réalisent avec la poignée entraine une rotation beaucoup plus rapide du panier.

Pour l'expliquer, ils proposent de compter le nombre de tours que fait le panier lorsque l'on réalise un tour de poignée.

Ils se rendent compte que l'exercice est difficile.

Dans un premier temps, ils font tourner l'essoreuse et enlèvent rapidement le couvercle. Ils voient bien que le saladier tourne beaucoup plus vite, mais l'observation est difficile.

Le plus simple est de poser le panier à l'envers sur le couvercle en enlevant l'essoreuse elle-même.

Pour un comptage précis, une pastille de couleur est collée sur le pourtour du panier. Pour obtenir un résultat fiable, l'expérience sera réalisée deux fois.

Résultat

Un tour de poignée fait faire 6 tours au panier.

Pour comprendre le phénomène, les élèves regardent le couvercle et essaient de comprendre.

Expérience 2

Ils observent une grande roue dentée qui est reliée à la poignée. En la faisant tourner, ils constatent que cela entraine un autre mécanisme qui tourne beaucoup plus vite et qui lui-même entraine le panier.

En le démontant, on peut voir que cette pièce est aussi dentée et qu'elle s'enclenche sur la grande roue. C'est un engrenage.

Le nombre de dents est beaucoup plus important sur la roue reliée à la poignée que sur celle qui fait tourner le panier.

Ils comptent le nombre de dents que possède chacune des roues.

Résultat

11 dents pour la petite roue et 77 dents pour la grande.

Ils comparent alors ces chiffres avec le nombre de tours réalisés en un tour avec la poignée.

Ils constatent qu'il y a un rapport entre le nombre de dents et le résultat obtenu.

Dans l'exemple, il y a 6 fois plus de dents sur la grande roue que sur la petite et un tour de la grande entraine 6 tours de la petite.

Conclusion

Dans un engrenage, le mouvement de rotation déclenché dépend directement du nombre de dents que possèdent les roues. Plus la différence est grande entre la première et la seconde roue, plus le nombre de tours effectués par cette dernière sera important.

Cette conclusion sera confirmée par la comparaison des résultats obtenus avec les différentes essoreuses. Celles qui ont la plus grande différence pour le nombre de dents entrainent une vitesse d'essorage plus importante car un tour de poignée provoque un plus grand nombre de tours de panier.

Réaliser une maquette de la classe

CP - CE1 - CE2

Programme : Réaliser des objets techniques par association d'éléments existants en suivant un schéma de montage.

Objectifs :
- Se repérer dans l'espace de la classe.
- Réaliser une maquette.
- Apprendre à connaitre rapidement ses camarades.

Matériel :
- Des petites boites d'allumettes (autant que de tables dans la classe, multiplié par 6).
- 6 grosses boites d'allumettes.
- 6 morceaux de carton de la taille approximative d'une feuille A3.
- Des feuilles de bristol blanches.
- De la pâte à modeler.
- Des ciseaux, des crayons à papier, des gommes.
- Le patron de la porte et du tableau.

➤ Expérience 29 – Patrons de la porte et du tableau

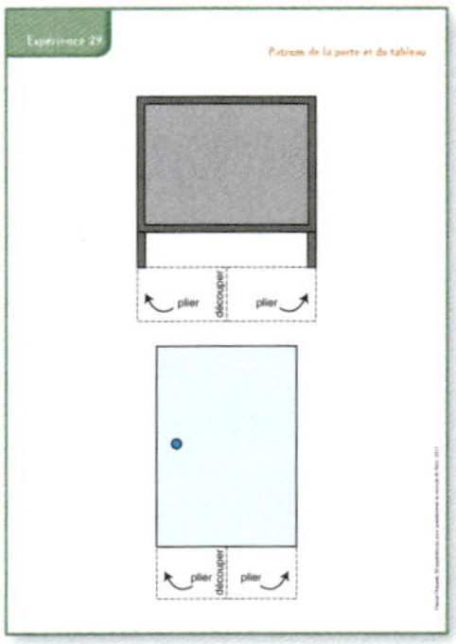

Croisements entre enseignements **Mathématiques** : « Espace et géométrie » ; « Se repérer et se déplacer en utilisant des repères ».

Déroulement

Étape 1

Expliquer aux enfants ce qu'est une maquette : réalisation d'un espace et/ou d'un objet en taille réduite.

Demander quels sont les principaux points de repères de la classe : le tableau, le bureau de l'enseignant, les tables des élèves, la porte de la classe et d'autres points plus spécifiques en fonction du niveau : le coin jeu, le coin bibliothèque...

Ces différents éléments devront être visibles sur la maquette. Une discussion est alors engagée avec les enfants sur les modalités de sa réalisation.

Étape 2

Présenter le matériel mis à disposition :

– Le carton qui va servir de support : il représente le sol de la classe.

– La grosse boite d'allumettes : elle constitue le bureau de l'enseignant.

– Les petites boites d'allumettes : elles figurent les tables des élèves.
– Les feuilles de bristol : elles permettent de représenter la porte de la classe et le tableau.
– La pâte à modeler : elle sert à représenter certains objets de la classe et les élèves de chaque groupe qui ainsi vont se localiser dans la classe.

Répartir la classe par groupes de quatre ou cinq. Distribuer à chacun le matériel.
Chaque groupe réalise la porte et le tableau à partir du patron proposé (voir le matériel), en utilisant les feuilles de bristol. Bien plier en opposé la base de chaque élément afin qu'il soit stable sur la maquette. Si nécessaire, montrer comment faire.

le tableau

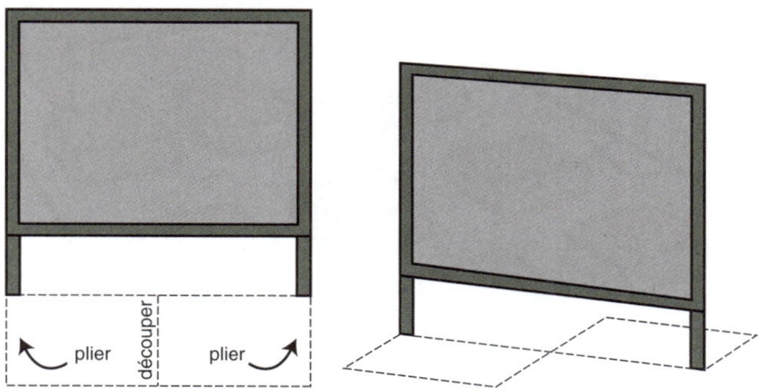

la porte

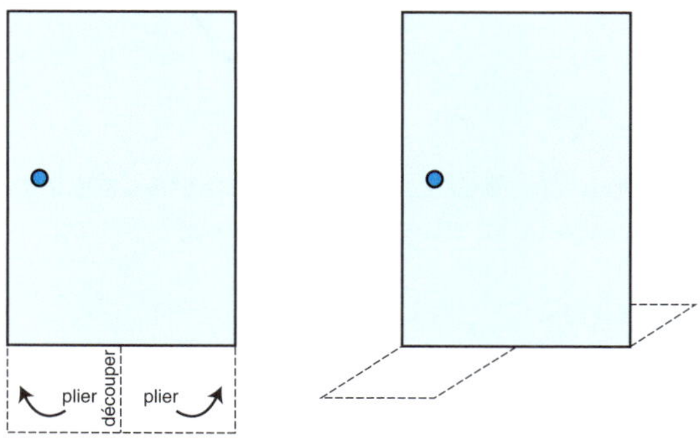

Les enfants disposent maintenant de tous les éléments nécessaires à la réalisation de la maquette.

Étape 3

Après observation de l'espace de la classe puis discussion au sein du groupe, les enfants disposent les différents éléments sur le carton.

Chaque élève du groupe se représente ensuite à l'aide de la pâte à modeler et localise précisément sa place habituelle dans la classe. Chaque groupe présente au groupe voisin son travail. Les élèves essayent de corriger entre eux les erreurs qui ont pu être commises. En cas de désaccord, l'enseignant intervient. Il corrige et explique les mauvaises représentations dans l'espace que certains élèves peuvent avoir.
Après une mise en commun, il est possible de coller sur une ou plusieurs maquettes l'ensemble des éléments correctement disposés.

Prolongement

Exploiter les maquettes dans le cadre des activités proposées dans la partie 2 : « Questionner l'espace et le temps » ; chapitre « Se situer dans l'espace » ; expériences n° 35 et n° 36.

Construire un nichoir pour les mésanges

CP - CE1 - CE2

Programme : Réaliser des objets techniques par association d'éléments existants en suivant un schéma de montage.

Objectifs :
- Suivre une notice de montage.
- Tracer des formes géométriques en respectant les cotes proposées.
- Réaliser un objet technologique simple.

Matériel :
- Des planches de récupération de 1,5 cm d'épaisseur (le bois ne doit pas être poncé afin que les mésanges puissent s'y accrocher).
- Des clous de 2 à 3 cm de long (la longueur des clous utilisés sera fonction de l'épaisseur des planches).
- Une charnière et des petites vis permettant de la fixer.
- Des marteaux.
- Des tournevis correspondant aux vis utilisées pour la charnière.
- Une perceuse.
- Des mèches à bois de 28 et 32 mm.
- Une scie sauteuse.
- Le patron des différentes parties du nichoir.

Expérience 30 – Patron du nichoir

Croisements entre enseignements **Mathématiques** : « Grandeurs et mesures » ; « Comparer, mesurer et estimer des longueurs ».

Déroulement

Remarque
Pour des raisons de sécurité évidentes, les phases d'utilisation de la scie et de la perceuse seront réalisées soit par l'enseignant en l'absence des élèves, soit par des parents d'élèves volontaires qui réaliseront les travaux chez eux.

Étape 1 : le tracé des différentes parties du nichoir

Pour les CP : un patron des différentes parties du nichoir est distribué aux enfants (*cf.* CD). Ces derniers le découpent et reportent les formes sur les planches au crayon à papier (ils posent le patron sur la planche et en dessinent le contour).

Pour les CE1-CE2 : en fonction du niveau de la classe, soit le patron est distribué (*cf.* le CD) soit seules les cotes sont données, soit les cotes sont données pour certaines pièces mais pour d'autres le patron est distribué, afin de gagner du temps.

Les pièces à tracer sont les suivantes :
- Un carré de 14 cm de côté pour le fond du nichoir.
- Un carré de 15,5 cm de côté pour le toit.
- Un rectangle de 17 cm de large et 22 cm de haut pour la façade, sur laquelle est tracé un cercle, centré (correspondant à l'entrée du nichoir), à 2 cm du haut de la façade. Son diamètre est de 28 mm pour un nichoir destiné aux mésanges bleues, de 32 mm pour les mésanges charbonnières.
- Un rectangle de 17 cm de large et 26 cm de haut pour l'arrière.
- Deux quadrilatères de 14 cm de large et 22 cm de haut pour un côté, 26 cm pour l'autre côté.

Étape 2 : le découpage des différentes parties du nichoir

Les pièces sont ensuite découpées soit par l'enseignant, soit par des parents volontaires à l'aide d'une scie sauteuse.
Le trou d'entrée est réalisé à l'aide de la perceuse sur la façade. Il est possible de réaliser les deux types de nichoirs (mésange charbonnière et bleue) en variant le diamètre de ce trou (voir ci-dessus).
Percer le plancher de quatre petits trous afin d'évacuer l'eau en cas de forte pluie. Ils serviront aussi d'aération l'été.

Étape 3 : l'assemblage des pièces du nichoir

Pour les CP : lorsque cela est possible, les enfants apportent les pièces découpées à la maison et réalisent le montage du nichoir avec leurs parents. Dans le cas contraire, il est réalisé par l'enseignant.
Au CE1 et au CE2, en fonction de la classe, le montage peut être réalisé en classe.
Les différentes étapes de réalisation sont présentées ci-après.

• Clouer les deux quadrilatères correspondant au côté sur le fond du nichoir (deux clous par côté).

• Clouer la façade sur la partie la moins haute des côtés du nichoir (trois clous par côté).

• Clouer l'arrière sur la partie la plus haute (quatre clous par côté).

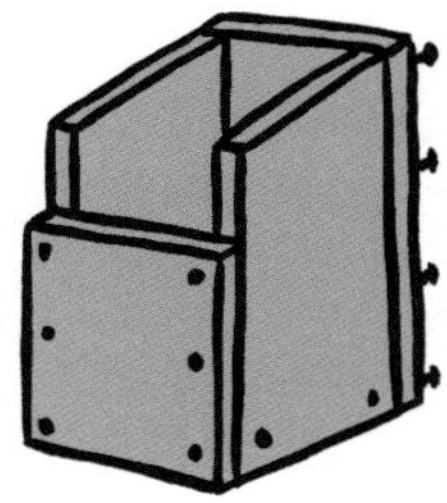

• Fixer le toit en disposant la charnière à l'arrière et en le faisant dépasser vers l'avant. Elle permettra d'ouvrir le nichoir pour le nettoyer. Attention : ne jamais ouvrir un nichoir durant la période de reproduction !

Étape 4 : finalisation

• Il est préférable de ne pas peindre le nichoir afin qu'il reste neutre pour les oiseaux. Pour prolonger sa durée de vie, il est possible de le traiter à l'huile de lin.

• Le nichoir devra être orienté sud/sud-est pour être protégé de la pluie. Mais le plus important est de ne pas le disposer face aux vents dominants. De plus, il faut le mettre assez haut pour le protéger des chats (deux mètres minimum).

Réaliser une maquette d'articulation

CE2

Programme : Réaliser des objets techniques par association d'éléments existants en suivant un schéma de montage.

Objectif : Réaliser une maquette d'articulation qui permettra de comprendre les mouvements corporels.

Matériel :
- Deux grands rouleaux en carton (type essuie-tout).
- Un petit rouleau en carton (type papier toilette).
- Deux élastiques d'environ 10 cm de long.
- 4 trombones.
- De la colle glue.

Déroulement

Ouvrir les deux trombones comme ci-contre.

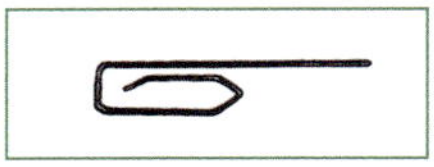

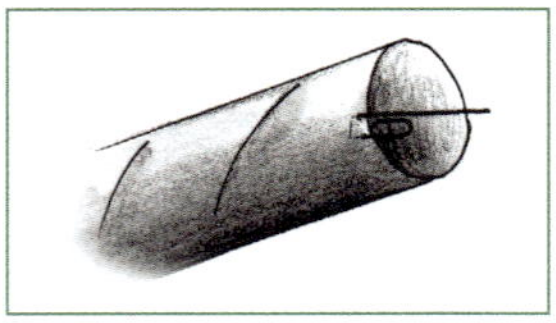

Percer dans l'un des deux grands rouleaux (à l'aide du trombone) deux trous de la largeur du trombone. Le fixer en le passant par les trous puis le refermer.

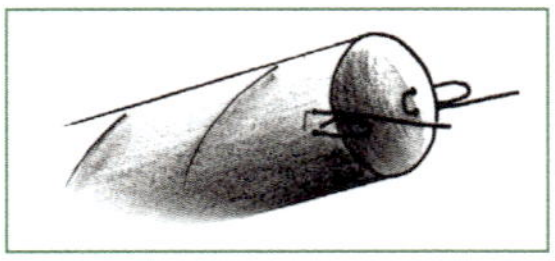

Fixer juste en face un deuxième trombone de la même manière.

Dans le petit rouleau en carton, découper dans le sens de la longueur une bande de 5 cm de large. La coller dans le grand rouleau en disposant son milieu au niveau d'un des deux trombones. La laisser dépasser de 5 cm (voir dessin ci-contre).

Passer un élastique dans chacun des trombones fixés au tube. Accrocher un trombone à l'extrémité de chaque élastique.

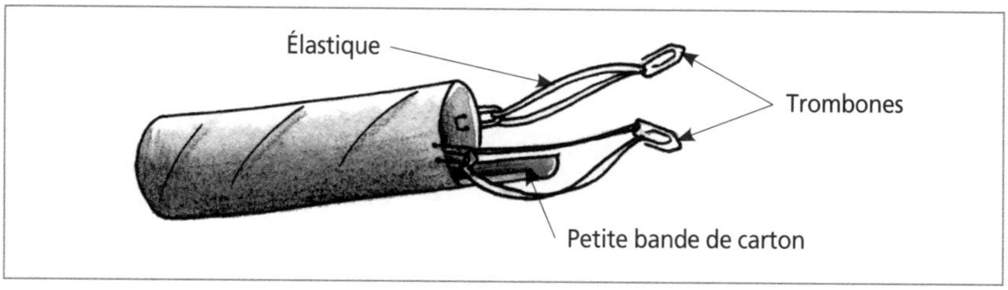

Accoler le deuxième grand rouleau au premier en se servant de la petite bande de carton pour caler. Le bloquer en y accrochant à l'autre extrémité, face à face, les trombones (1 et 2) qui sont libres.

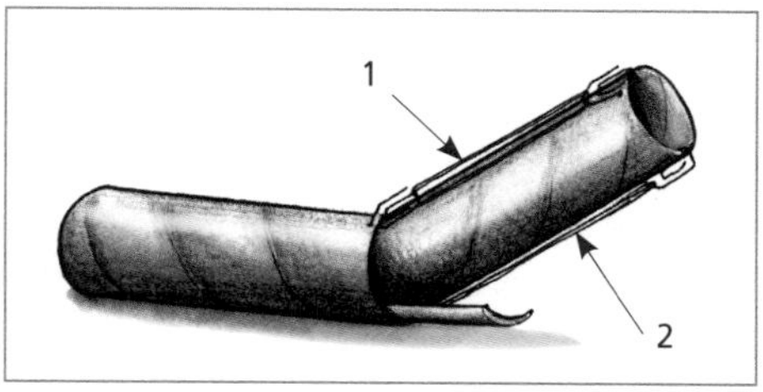

La maquette d'articulation est alors terminée et peut être utilisée aussitôt pour comprendre le fonctionnement du bras (voir l'expérience 26, « Les mouvements du bras »).

Réaliser un circuit simple

CP - CE1 - CE2

Programme : Différencier des objets selon qu'ils sont alimentés avec des piles ou avec le courant du secteur : Constituants et fonctionnement d'un circuit électrique simple.

Objectif : Réaliser un circuit électrique simple en observant du matériel électrique et en expérimentant.

Matériel :
- 30 cordons électriques avec pinces crocodiles.
- 15 douilles à vis Ø 10 mm ou douilles métal E10 (moins onéreuses à l'achat).
- 15 ampoules à vis.
- 15 piles plates.

Ce matériel d'électricité est disponible auprès de revendeurs de matériel pédagogique tels que Jeulin ou Pierron (voir les adresses utiles, p. 157).

- Les dessins pour schématiser le branchement.

Expérience 32 – Schéma de branchement

Déroulement

Étape 1

Distribuer, par groupe de deux enfants, une pile plate et une ampoule.

Demander aux élèves d'essayer, en les manipulant, d'allumer l'ampoule.

Après différents essais, ils découvrent que les contacts entre l'ampoule et la pile doivent être bien précis.

Une des bornes de la pile doit être en contact avec le côté du culot de l'ampoule, tandis que l'autre doit être en contact avec l'extrémité.

Étape 2

Distribuer ensuite deux cordons par groupe. Expliquer aux enfants qu'ils doivent essayer d'allumer à distance l'ampoule à l'aide des deux cordons.

Après différents essais, certains groupes vont réussir à allumer leur lampe, d'autres non.

Bien expliquer aux élèves qui n'y arrivent pas d'utiliser les informations tirées de leur première expérimentation : il doit y avoir un contact avec le côté du culot de l'ampoule et un autre avec le fond.

Trace écrite

Lorsque tout le monde a bien compris les branchements de ce circuit simple, proposer aux enfants de le schématiser en utilisant la fiche proposée sur le CD.

Avec l'aide de l'enseignant ou non, chacun va réaliser et schématiser le circuit électrique comme dans l'exemple suivant.

Corrigé

Prolongement

Il est important, lorsque cela est possible, de réaliser les deux expériences suivantes dans la continuité de cette activité. Elles permettent en effet de découvrir les bases d'un circuit électrique, puis de les utiliser afin d'effectuer un diagnostic de panne sur un objet technologique.

Une panne de lampe de poche

CP - CE1 - CE2

Programme : Différencier des objets selon qu'ils sont alimentés avec des piles ou avec le courant du secteur : Constituants et fonctionnement d'un circuit électrique simple.

Objectif : Utiliser les connaissances acquises sur le fonctionnement d'un circuit électrique simple pour résoudre un problème : une panne de lampe de poche.

Matériel :
- 15 lampes de poche présentant une panne.
- Des lampes neuves.
- Des piles neuves.
- Quelques boitiers de lampe de poche en état de fonctionnement.
- Un dessin simplifié de la lampe de poche par élève ou par groupe.

➤ Expérience 33 – Schéma de la lampe de poche

Déroulement

Distribuer à chaque groupe de deux des lampes de poche ne fonctionnant pas. Elles ont soit une lampe grillée, soit une pile usagée, soit un boitier défectueux (circuit électrique interrompu ou lames conductrices ne pouvant plus entrer en contact, par exemple au niveau de l'interrupteur).

Étape 1

Avant de vérifier le bon fonctionnement de la lampe, les enfants doivent bien comprendre le principe de ce circuit électrique en observant l'intérieur du boitier à l'aide du schéma proposé dans le CD (soit un schéma par élève, soit un par groupe, sachant qu'ils vont utiliser ce schéma pour la synthèse).

Ils doivent y retrouver les différentes parties du circuit électrique étudié lors des séquences précédentes : la pile, l'ampoule, la douille à vis, l'interrupteur et les parties de la lampe servant de câbles conducteurs.

Légender ces différentes parties sur le schéma interne de la lampe de poche.

Étape 2

Les enfants essaient de faire fonctionner la lampe et constatent qu'elle n'éclaire pas.

Une discussion est engagée sur les causes possibles de la panne. Différentes hypothèses sont émises : « la pile est morte », « la lampe est grillée », « c'est la boite qui est cassée »...

Demander quelle est la démarche à adopter afin de découvrir la cause de la panne. Certains enfants vont proposer de tout changer, mais on ne connaitra pas alors l'origine de la panne. D'autres vont suggérer de changer une seule de ces pièces ou de vérifier individuellement le fonctionnement de chacune des pièces.

C'est cette dernière démarche qui sera utilisée, car elle permet de repérer directement la cause de la panne. Les enfants vont donc devoir vérifier si la pile, l'ampoule et le boitier fonctionnent. En fonction du niveau de la classe (ou des groupes d'élèves), on peut soit préciser le protocole, soit laisser aux enfants le soin de trouver eux-mêmes comment procéder.

Afin de réaliser les vérifications, mettre à disposition des enfants des ampoules, des piles et des boitiers neufs.

Puis procéder ainsi :

• La pile : enlever la pile du boitier, prendre une ampoule neuve et la connecter aux deux pôles de la pile. Si elle s'allume, c'est qu'elle est toujours fonctionnelle ; dans le cas contraire, l'origine de la panne est trouvée.

• L'ampoule : dévisser délicatement l'ampoule du boitier, prendre une pile neuve et la connecter à l'ampoule de la lampe de poche. Si elle s'allume, c'est qu'elle est toujours fonctionnelle ; dans le cas contraire, les enfants concluent qu'elle est grillée.

• Le boitier : enlever la pile, dévisser l'ampoule du boitier supposé défectueux. Prendre un boitier neuf, y visser l'ampoule et y mettre la pile. Le fait que la lampe fonctionne montre que la panne provient du boitier.

Trace écrite

En synthèse, les élèves entourent en rouge sur le schéma de la lampe (représenté dans le CD) l'origine de la panne : l'ampoule, la pile ou le boitier.

Comment fonctionne l'interrupteur ?

CP - CE1 - CE2

Programme : Différencier des objets selon qu'ils sont alimentés avec des piles ou avec le courant du secteur : rôle de l'interrupteur.

Objectif : Découvrir l'interrupteur en émettant une hypothèse sur son principe de fonctionnement.

Matériel :
- 60 cordons électriques avec pinces crocodiles.
- 15 interrupteurs pédagogiques.
- 15 douilles à vis Ø 10 mm ou douilles métal E10 (moins onéreuses à l'achat).
- 15 ampoules à vis.
- 15 piles plates.

Ce matériel d'électricité est disponible auprès de revendeurs de matériel pédagogique tels que Jeulin ou Pierron (voir les adresses utiles, p. 157).

- Les dessins pour schématiser le circuit.

Expérience 34 – Schéma de circuit

Déroulement

Distribuer à chaque groupe de deux enfants une pile plate, une ampoule et deux cordons. Faire réaliser en rappel le circuit électrique simple de l'activité précédente.

Étape 1

Les enfants doivent découvrir quelles peuvent être les différentes causes du non-éclairement de la lampe dans le circuit de certains groupes.
Ils suggèrent le plus souvent que l'un des fils n'est pas ou mal branché. Certains peuvent préciser que l'ampoule est grillée ou que la pile ne fonctionne plus. Dans le cas présent, comme tout marche correctement, suggérer que le non-fonctionnement de certains circuits est dû à un mauvais branchement.
Faire constater que si le circuit est interrompu, la lampe ne peut pas s'allumer.

Aller vers l'interrupteur contrôlant l'éclairement de la salle de classe et le manipuler afin d'éteindre. Faire l'analogie avec le circuit qui ne fonctionne pas, car un fil est débranché, et demander quel peut être le principe de fonctionnement de l'interrupteur. Suite à une discussion, ils supposent : « Il débranche un fil et les ampoules ne peuvent plus être allumées. »

Étape 2

Pour vérifier cette hypothèse, un interrupteur et un nouveau cordon sont distribués par groupe.

Faire manipuler l'interrupteur seul. Les élèves constatent qu'en fonction de sa position, la continuité du circuit peut ou non être interrompue.

En fonction du niveau de la classe, soit présenter le circuit à réaliser (voir page suivante), soit les enfants le découvrent par eux-mêmes.

Dans le second cas, attention au court-circuit : ne pas mettre en parallèle l'interrupteur et l'ampoule. Leur montrer qu'ils ne doivent surtout pas réaliser le circuit ci-contre.

S'assurer que le circuit est bien compris avant de le faire réaliser par chaque groupe.

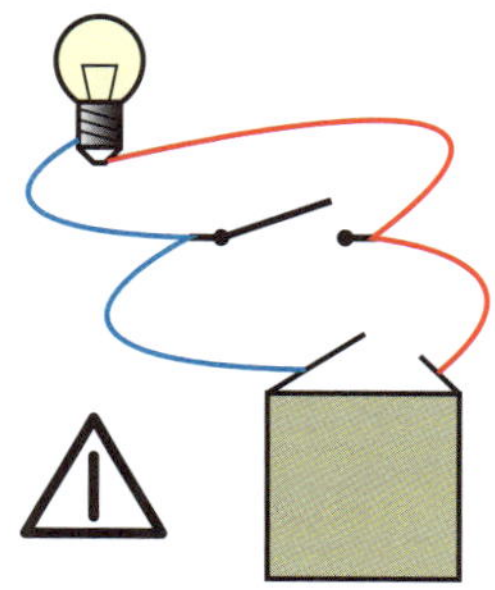

Non.

Trace écrite

Après avoir réalisé le circuit correct, demander aux enfants de représenter sous forme de deux schémas le circuit avec l'interrupteur coupant le circuit (lampe éteinte) et le circuit en fonctionnement, en s'aidant des dessins simplifiés suivants (*cf.* CD).

Il est important d'illustrer l'expérience de façon schématique, afin de se familiariser avec les représentations scientifiques (comme dans l'expérience précédente).

Inviter ensuite les élèves à réaliser le schéma de l'expérience.

Avec l'aide de l'enseignant ou non, chacun réalise les schémas suivants.

Corrigé

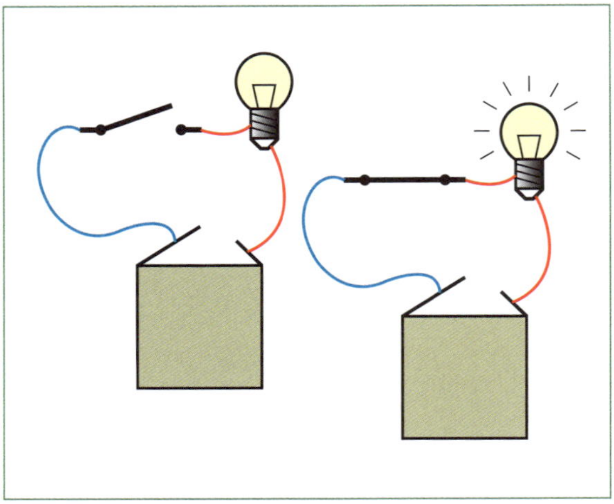

Prolongement

Il est important, lorsque cela est possible, de réaliser cette expérience dans la continuité des deux expériences précédentes. Elles permettent en effet de découvrir les bases d'un circuit électrique, puis de les utiliser afin d'effectuer un diagnostic de panne sur un objet technologique.

4. Se situer dans l'espace

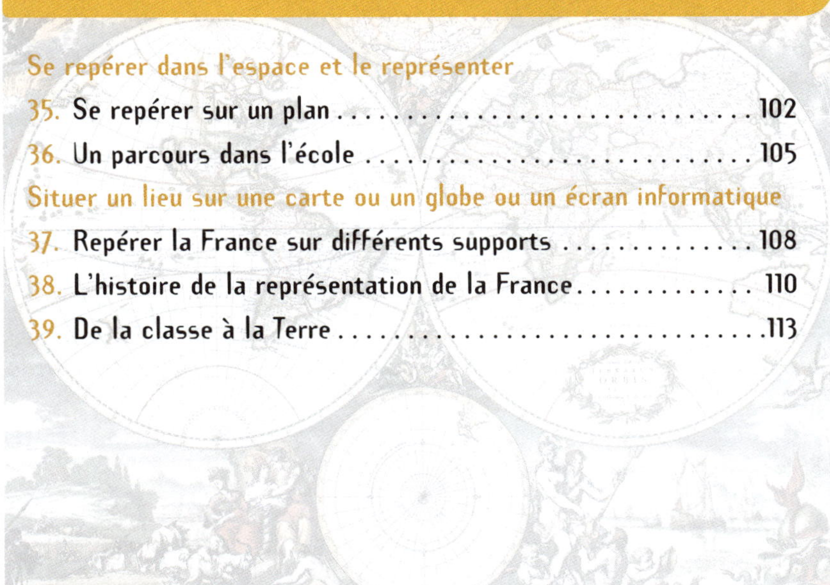

Se repérer sur un plan

CP - CE1

Programme : Lire des plans, se repérer sur des cartes.

Objectif : Se repérer dans l'espace et sur un plan.

Matériel : Plan de l'école (un par petit groupe ou un par élève).

Croisements entre enseignements **Mathématiques :** « Espace et géométrie » ; « (Se) repérer, (se) déplacer en utilisant des repères ».

Déroulement

Toutes les écoles possèdent un plan où sont indiquées les voies d'évacuation, les extincteurs, les points d'eau. Il suffit de récupérer ce plan, de le photocopier (si possible au format A3) et de supprimer certains éléments à l'aide d'un « blanc », pour simplifier le plus possible sa lecture.
Préparer sur le côté du plan les légendes qui vont être utilisées (voir exemple illustré ci-contre).

Repérage de la classe sur le plan

Une fois le plan distribué à chaque groupe (ou à chaque élève), inviter les enfants à repérer leur classe sur le plan de l'école. Pour cela, partir d'une zone facilement repérable sur le plan et visible du couloir (cantine, toilettes...) ou des fenêtres de la classe (cour de récréation, préau...).
Demander :
- de colorier en jaune la classe sur le plan ;
- d'écrire le nom de la classe et de l'enseignant.

Annoncer ensuite qu'il va falloir repérer les différentes salles dans l'école.

Repérage du plan de l'école

Inviter chaque groupe d'élèves à sortir et à « revisiter » l'école, le plan à la main. Demander d'y repérer les différentes classes et parties communes.
Écrire le nom de chacune des classes et de l'enseignant (classe de CM1, Madame X). On peut aussi utiliser un code pour chaque niveau (formes géométriques ou pictogrammes simples).

Exemple :

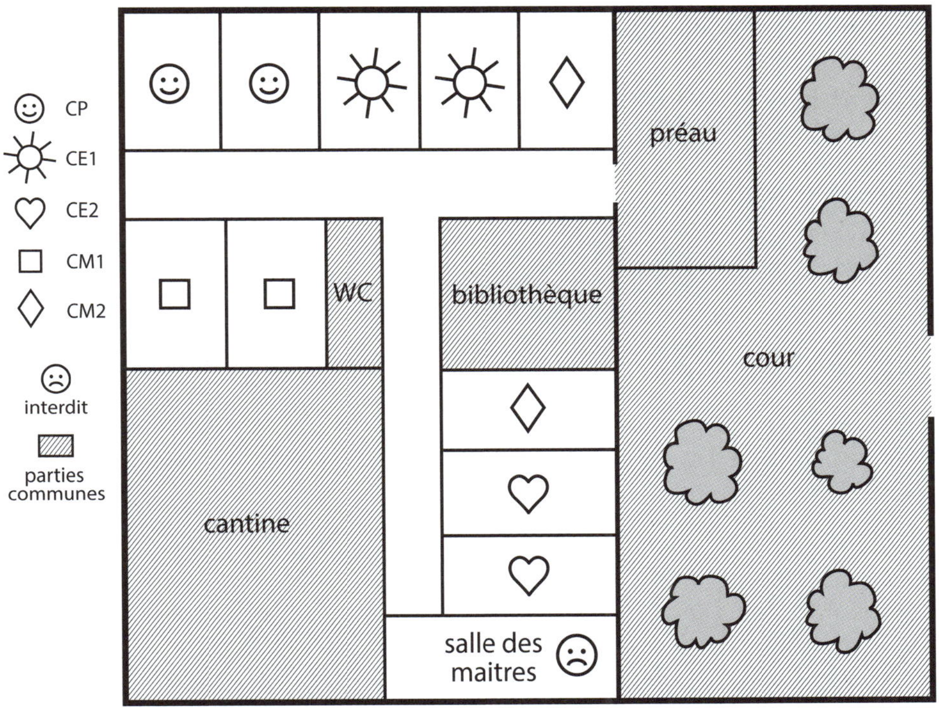

Les élèves ajoutent sur le plan le picto « défendu » (smiley qui fait la tête) au niveau des zones interdites et grisent les parties communes.

Remarque
Pour les écoles ayant un nombre de salles trop important, il est préférable de ne s'occuper que des classes et des dépendances qui sont à proximité de sa propre classe.

Évaluation

En outre, l'étude du plan, si possible en début d'année scolaire, permet à l'enfant de s'approprier son environnement, de s'y repérer rapidement. Il apprend à lire un nouveau type de document qui l'oblige à un effort d'imagination lui permettant de transformer une image plane en volume. Cette capacité est à évaluer tout au long des différents repérages.

Prolongement

En fonction du temps accordé à la séquence et du niveau de la classe, ce travail supplémentaire peut être réalisé.

Faire colorier en vert les parties communes où les élèves peuvent se rendre (couloir, cantine, toilettes, salle informatique…) et en rouge celles qui sont interdites (salle des maitres, bureau du directeur, cuisine, réserve…) et les autres classes. Les légendes correspondantes sont complétées sur le côté du plan.

Un parcours dans l'école

CP-CE1

Programme : Lire des plans, se repérer sur des cartes.

Objectifs :
- Se repérer sur un plan, s'orienter, se déplacer.
- Repérer des formes géométriques simples dans l'espace.

Matériel :
- Un plan de l'école (ou de la classe) par groupe d'élèves.
- 5 repères représentant des formes simples dessinées sur des feuilles A4 (à dupliquer : pour l'affichage et pour chaque groupe).

Expérience 36 – Repères

Croisements entre enseignements **Mathématiques :** « Espace et géométrie » ; « (Se) repérer, (se) déplacer en utilisant des repères ».

Remarque préalable
Cette séquence permet d'approfondir l'étude sur le plan. Elle peut aussi être utilisée en application de séquences réalisées en mathématiques sur les formes.

Préparation

Tracer sur un plan de l'école un parcours sur lequel figurent cinq ou six points correspondant aux formes géométriques que les élèves vont découvrir sur leur trajet. Représenter ces formes simples (rond, carré, rectangle, triangle, losange) sur des feuilles A4 (ou les télécharger à partir du CD).

Afficher chaque forme dans l'école aux endroits localisés sur le plan. Pour ne pas déranger les autres élèves, placer les affiches sur la porte des différentes classes.

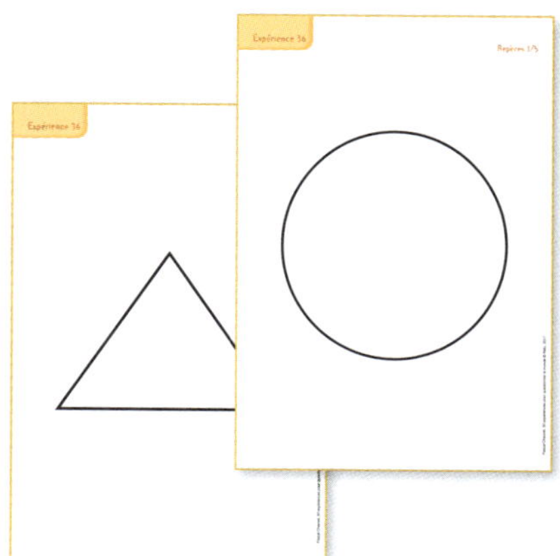

Déroulement

Réalisation du parcours

Répartir les élèves par groupes de trois et distribuer à chaque trinôme le plan photocopié et les feuilles A4.

Demander aux élèves de suivre le parcours représenté sur le plan et d'y dessiner, en les localisant, les formes géométriques rencontrées sur leur trajet.

Exemple :

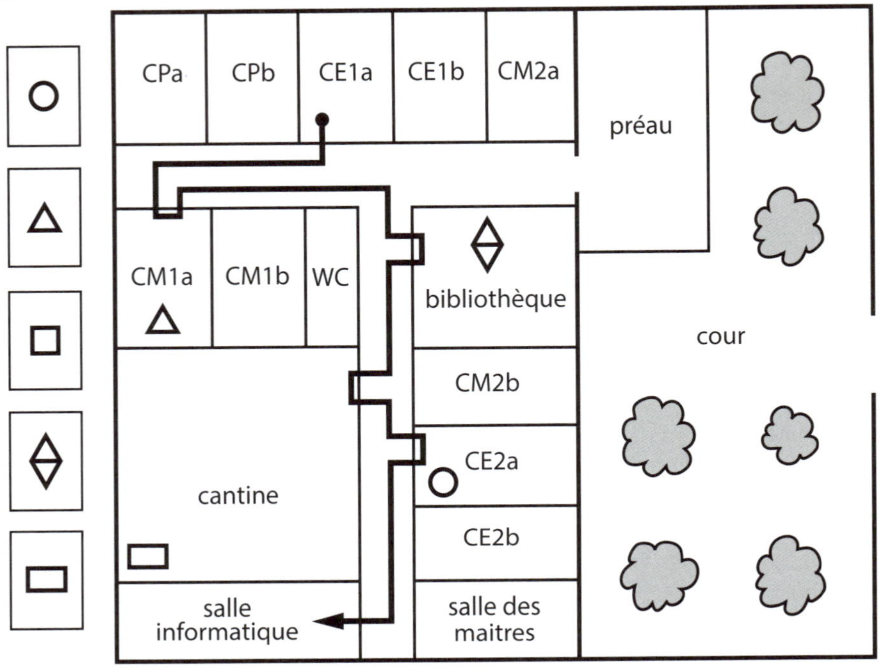

Les élèves dessinent sur le plan les formes découvertes au cours du trajet.
À gauche figurent les formes représentées sur des feuilles A4 et affichées sur les portes.

Remarque
Cette séquence doit se dérouler dans le calme et le silence afin de ne pas perturber le travail des autres classes. Pour cela, il est nécessaire de faire un rappel des règles devant être respectées au sein de l'école.

Évaluation

Les différents plans complétés sont mis en commun. Photocopier éventuellement un plan corrigé à distribuer à chaque élève pour conserver une trace écrite.

Variante 1 : Représenter un trajet

Ne pas représenter le trajet sur le plan. Les élèves le tracent eux-mêmes au fur et à mesure de leur déplacement ; leur préciser au début de la séquence les limites qu'ils ne doivent pas dépasser sur le plan.

Chaque fois qu'ils trouvent une forme, ils la représentent correctement sur leur plan. Ils écrivent à côté le nom de chaque forme observée.

Variante 2 : Un parcours dans la classe

Le principe est le même, mais les enfants travaillent sur un espace plus restreint, celui de la classe. Sur le plan distribué figurent le tableau, le bureau du maitre, les tables, le coin jeu… Les enfants repèrent quatre formes (un rond, un carré, un triangle et un rectangle) affichées dans la classe et doivent les localiser sur le plan, puis les dessiner.

Repérer la France sur différents supports

CP - CE1

Programme : Repérer la position de sa région, de la France, de l'Europe et des autres continents.

Objectif : Apprendre à repérer la France sur différents supports en 2D ou 3D.

Matériel :
- Cartes météo et images satellites observées en salle informatique ou présentées au vidéoprojecteur.
- Planisphères, globes, mappemondes, cartes du monde.
- Cartes de l'Europe.
- Cartes des départements et des régions.
- Cartes gastronomiques…

Expérience 37 – Cartes

Déroulement

Étape 1

Une carte géographique de la France (*cf.* CD) est affichée au tableau sans aucun commentaire.

Demander aux enfants ce que cela représente et où ils ont déjà vu ce type de représentation (météo à la télévision, atlas, jeux éducatifs…). Inviter à dégager les critères (forme, mer et océans visibles) qui permettent de reconnaitre la France.

Pour les élèves qui la découvrent, les amener à bien mémoriser la forme de la France en signalant les contours les plus significatifs (pointe de la Bretagne…).

Étape 2

Une carte de l'Europe leur est ensuite présentée (*cf.* CD). Ils sont invités à y retrouver la France.

Leur faire remarquer qu'il existe deux types de « limites » permettant de tracer le contour de la France :
- les côtes, limites naturelles qui sont en contact avec les zones bleues représentant océans et mers ;
- les frontières, qui sont en contact avec d'autres couleurs et qui représentent des limites souvent artificielles, parfois naturelles (fleuves, montagnes) avec les pays voisins.

Étape 3

L'ensemble des supports – cartes du monde (politique, géographique…), images satellites, mappemondes – est réparti dans la classe.

Par groupes de deux ou trois, les enfants circulent dans la classe et doivent y retrouver la France. Ils ont en main, pour mémo, une carte de la France.

Pour chaque support, un enfant est ensuite désigné pour y localiser la France devant toute la classe.

Trace écrite

Une carte de la France est distribuée à chacun (*cf.* CD). Les élèves écrivent leur nom, passent en rouge les contours et colorient les mers et l'océan en bleu.

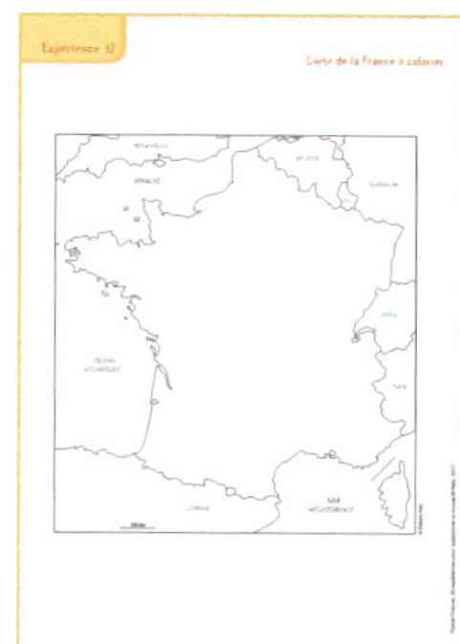

Prolongement

Ce type d'exercice relatif à la mémorisation d'une forme, ici celle de la France, peut être réalisé en étudiant la forme d'autres pays.

Par exemple, il est possible de parler de l'origine des différents élèves de la classe et de repérer ces pays d'origine sur les supports.

Reformer alors les groupes de trois élèves (ou en former de nouveaux). Un pays est attribué à chaque groupe qui devra le localiser sur chaque support et le présenter ensuite à l'ensemble de la classe.

En fin de séquence, une carte du monde ou de l'Europe est distribuée. La France est coloriée et son nom écrit. Deux autres pays sont choisis. Mers et océans peuvent être coloriés en bleu.

L'histoire de la représentation de la France

CE2

Programme : Repérer la position de sa région, de la France, de l'Europe et des autres continents.

Objectifs : Comprendre que la France n'a pas toujours eu les frontières actuelles.

Matériel :
- Carte de la France représentant ses frontières actuelles.
- Cartes de la France avec des frontières plus anciennes (époque romaine, Moyen Âge…).

Expérience 38 – Cartes de la France

Remarques préalables

- Ce type de représentations est également aisé à trouver en sélectionnant sur un moteur de recherche l'option « Images ».
- Les cartes peuvent être présentées à la fois en taille réelle, visionnées au vidéoprojecteur ou observées en salle informatique.
- Il est préférable d'avoir fait l'activité 37 avant d'aborder celle-ci.

Déroulement

Étape 1

Étaler les cartes sur une table et demander aux enfants de les classer de la plus ancienne à la plus récente.

Laisser les élèves faire une première recherche sans aide. Ils doivent s'appuyer sur les dates indiquées sur les cartes.

Exemples de cartes

Carte de la Gaule au 1er siècle

Carte de l'empire de Charlemagne en 814

Carte de l'empire français en 1815

Carte de la France en 2017

Étape 2

Lors de la mise en commun, la notion de frontière est précisée. S'assurer que la notion de frontière et celle de contours (forme des côtes) sont bien distinctes. Ajouter que les frontières de la France n'ont pas toujours été stables et que les tracés des contours des pays ont été réalisés au fur et à mesure des découvertes, notamment grâce aux grands navigateurs (Colomb, Magellan...).
Il est aussi judicieux de présenter les cartes de façon chronologique, afin de mieux percevoir les changements de frontière au cours de notre histoire proche (l'Alsace et la Lorraine avant 1914) et lointaine (carte de la Gaule). Il ne s'agit pas pour autant de s'attarder sur les évènements historiques.

Trace écrite

Élaborer collectivement une synthèse qui permet aux élèves de retenir que la France n'a pas toujours eu les mêmes frontières.

De la classe à la Terre

CE1 - CE2

Programme :

- Situer les espaces étudiés sur une carte ou un globe.
- Repérer la position de sa région, de la France, de l'Europe et des autres continents.
- Savoir que la Terre fait partie d'un univers très vaste, composé de différents types d'astres. De l'espace connu à l'espace lointain : les pays, les continents, les océans.

Objectifs : Apprendre à se repérer dans son espace proche mais aussi lointain grâce à un site de localisation géographique. Percevoir la différence d'échelle de ces espaces.

Matériel :

- Une salle informatique.
- Un accès aux sites « Géoportail » et/ou « Google Earth ».

Déroulement

L'élève va partir de son espace proche qui est la classe puis va apprendre à « dézoomer » afin de découvrir les contours, frontières, que l'on peut utiliser pour délimiter les différentes échelles de l'espace.

Remarque préalable

Pour faire cette expérience, il existe différents logiciels ou sites Internet. Le plus connu est « Google Earth » mais il est aussi possible de travailler avec le site « Geoportail » de l'IGN (Institut national de l'information géographique et forestière) : http://www.geoportail.gouv.fr/

L'avantage du site « Géoportail » est que le petit curseur du zoom indique l'échelle de l'image observée (maison, rue, ville, département, pays et monde) ce qui est un bon repère pour l'enfant.

Étape 1 : Se repérer à l'échelle de l'école

Sur le site choisi, demander aux enfants d'entrer dans la barre de recherche l'adresse précise de l'école, préalablement écrite au tableau. L'image des limites de l'école apparait alors plus ou moins clairement. Faire zoomer de manière à ce que l'école apparaisse distinctement, en grand format, sur l'écran.

Trouver sur l'écran l'entrée de l'école.
Localiser la cour de récréation, la classe.
Faire tracer avec le doigt sur l'écran le chemin de l'entrée de l'école à la classe.
Un travail supplémentaire peut être réalisé en comparant un plan de l'école imprimé et la représentation sur l'écran.

Étape 2 : Se repérer à l'échelle de la ville

Demander quelles sont les limites de notre ville ?

Les enfants doivent définir quelles sont les « frontières » de la ville.

Une ville se termine-t-elle réellement au moment où l'on quitte la zone habitée, où l'on dépasse le panneau indiquant la sortie de la ville, ou encore au-delà ?

Dans « Géoportail » vous pouvez passer de l'image à la carte IGN sur laquelle figure la limite des communes (représentée en pointillés noirs). On s'aperçoit que les limites réelles de la ville, lorsqu'on est hors grande agglomération, ne correspondent pas à la limite des habitations, mais qu'elles englobent aussi les zones de cultures, de forêt, etc.

Étape 3 : Se repérer à l'échelle du département, de la région et du pays

- Sur « Google Earth » dans la partie « Légendes », « Calques », sélectionner « Frontières et légendes ». Dézoomer à nouveau en partant de l'échelle de la ville. Les limites de département, de région et du pays apparaissent. Faire trouver (ou retrouver) à quel département, puis à quelle région, la ville de l'école appartient.
- Sur « Géoportail » faire de même, mais sélectionner dans la partie « Plus de données » et « Easy world topographic map ».

En déduire qu'un pays est découpé en régions, qui le sont en départements, qui le sont eux-mêmes en villes.

En fonction du niveau de la classe, vous pouvez revenir à l'échelle de la ville en faisant observer l'échelle kilométrique qui y figure.

Globalement (mais cela peut bien sûr varier), l'échelle de la ville est celle du kilomètre (x kilomètres), celle du département de la dizaine de kilomètres (x dizaines de kilomètres) et celle de la région de la centaine de kilomètres.

Étape 4 : Se repérer à l'échelle du continent, de la planète

À cette échelle, « Google Earth » est plus facile d'accès car le globe est sous sa forme sphérique alors que sur « Géoportail », il apparait sur un plan.

Faire découvrir les cinq continents et montrer que l'échelle est ici le millier de kilomètres.

Prolongement

Quelle que soit l'échelle, de la ville au continent, il existe des critères qui permettent de les délimiter. Souvent ce sont des critères naturels, tels que les fleuves, les mers ou les océans, les chaines de montagnes, à faire découvrir aux enfants.

Il est aussi possible d'observer que les limites de certaines régions, de certains États (voir carte des États-Unis d'Amérique) ou pays (voir la carte de l'Afrique) sont des lignes droites et que le découpage est alors complètement arbitraire.

5. Se situer dans le temps

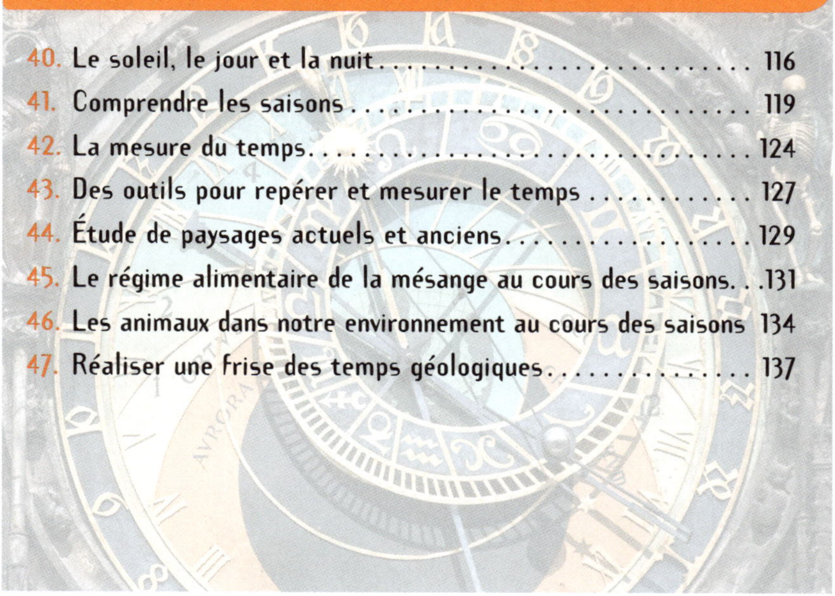

Le Soleil, le jour et la nuit

CP

Programme : Se repérer dans l'espace et le représenter : identifier les rythmes cycliques du temps.

Objectif : Apprendre à repérer et à comprendre l'alternance du jour et de la nuit.

Matériel :
- Des globes terrestres.
- Une lampe de bureau puissante.
- Des lampes de poche.

Déroulement

Étape 1

Dans un premier temps, faire repérer ce qu'est l'alternance du jour et de la nuit ; faire comprendre également qu'elle est la base de notre calendrier.

Pour cela, amorcer une discussion. Par exemple : « Le jour, il y a le Soleil, parfois il est caché par les nuages, mais on voit clair. On n'est pas obligé de s'éclairer. Mais la nuit, le Soleil a disparu, il fait noir, on est obligé d'utiliser un éclairage pour voir clair. »

À l'issue de la discussion, conclure que :
- le jour, le Soleil est présent, il nous éclaire ;
- la nuit, il est absent, nous sommes dans le noir.

Une fois cette alternance repérée, l'expliquer grâce à l'expérience ci-dessous.

Étape 2

Éteindre la lumière de la classe et allumer la lampe de bureau en la dirigeant vers le globe. Expliquer qu'elle représente le Soleil qui est fixe ; il ne pourra donc pas bouger durant la phase d'expérimentation.

Montrer que la moitié de la Terre est éclairée et que l'autre non.

Rallumer la lumière et localiser deux points du globe (coller 2 gommettes) : l'un était éclairé, l'autre non. Demander aux enfants quel est celui où il faisait jour et celui où il faisait nuit. Ils constatent alors qu'il peut faire jour dans un pays alors que dans un autre la nuit est totale.

Mais il ne fait pas jour ou nuit tout le temps dans une même région. Il va donc falloir que les enfants trouvent comment on peut passer du jour à la nuit et inversement et donc pourquoi le Soleil disparait et apparait régulièrement.

Étape 3

Pour y répondre, présenter à nouveau le globe terrestre et montrer qu'il tourne sur lui-même. (En fonction du niveau de la classe, il est possible de faire découvrir l'existence de la rotation terrestre par les enfants en leur distribuant le globe qu'ils pourront faire tourner.)

Distribuer ensuite un globe et une lampe de poche par groupe (la taille du groupe dépendra du nombre de globes terrestres disponibles).

Les élèves réalisent l'expérience qui a été présentée au début (éclairer le globe avec la lampe). Ils cherchent à comprendre comment un point du globe qui est éclairé par la lampe (= le jour) peut se retrouver dans l'obscurité (= la nuit).

Ils constatent rapidement qu'en le tournant sur son axe et en maintenant la lampe en position fixe, on peut passer de l'éclairement à l'obscurité et inversement.

Un élève se met alors du côté « nuit » du globe. En le regardant, il remarque qu'il ne voit pas la lampe, tout comme on ne voit pas le soleil de nuit. Inversement, du côté « jour », il peut voir le faisceau de la lampe. Il en conclut que les zones du globe où il fait jour sont éclairées par le Soleil et que celles où il fait nuit ne le sont pas.

Étape 4

Enfin, il s'agit de faire repérer aux enfants les différents moments de la journée. En tournant doucement le globe terrestre, les enfants vont se rendre compte que :

– le moment où une région commence à être éclairée correspond au lever du Soleil ;

– lorsque la zone étudiée est au milieu de la zone éclairée, on est en milieu de journée (midi) ;

– lorsque l'on s'approche à nouveau de la zone d'ombre, c'est que le Soleil va bientôt se coucher et que la nuit arrive.

L'alternance jour/nuit est donc due à la rotation de la Terre qui fait qu'une même zone sera alternativement éclairée ou non par le Soleil.

Trace écrite

En synthèse, les enfants réalisent un schéma simplifié des résultats observés :
– jour = la moitié de la Terre éclairée par le Soleil ;
– nuit = cette même moitié non éclairée par le Soleil.
Ils ajoutent une flèche sous chaque dessin pour indiquer le sens de rotation.

Comprendre les saisons

CE2

Programme : Se repérer dans l'espace et le représenter : le caractère cyclique des jours, des semaines, des mois, des saisons.

Objectif : À partir d'expériences, comprendre les rythmes cycliques du temps, et le phénomène des saisons.

Matériel :
- Des globes terrestres.
- Une lampe de bureau puissante.
- Deux schémas à compléter.

> Expérience 41 – Comprendre les saisons – Schémas 1 et 2

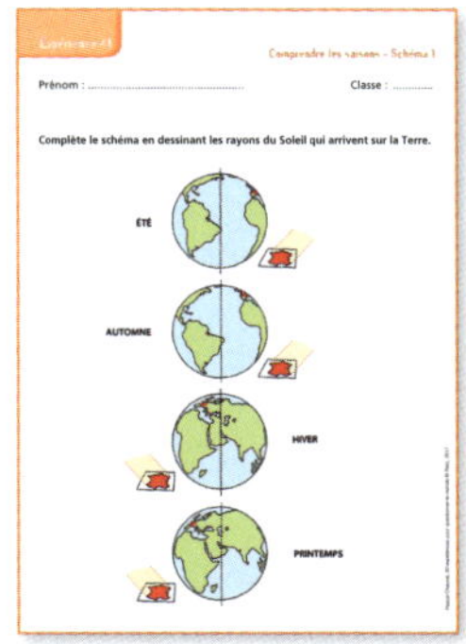

Déroulement

Il s'agit de faire comprendre le phénomène des saisons en expliquant que c'est l'inclinaison du globe terrestre par rapport au Soleil qui engendre une durée d'éclairement plus ou moins longue associée à une intensité lumineuse plus ou moins importante.
On constatera aussi qu'en fonction de l'hémisphère ces saisons sont inversées.

À travers plusieurs expériences, les enfants vont devoir découvrir pourquoi la durée de l'éclairement est variable selon la période de l'année (les durées du jour et de la nuit varient).

Préparation

En préambule, il faut partir de deux constats :
- En hiver, la durée du jour est courte.
- En été, la durée du jour est plus longue.

Faire dialoguer les élèves pour obtenir ce constat. Si le temps le permet, distribuer un tableau dans lequel figure la durée du jour et de la nuit. Il peut aussi être réalisé en partie par la classe, sur plusieurs semaines, avec un repérage de l'heure du lever et du coucher du Soleil (ces données sont consultables sur Internet).

Étape 1

Faire découvrir que l'axe de rotation du globe est oblique et non vertical et démontrer les conséquences directes à partir de 2 expériences.

Première expérience :

Faire éclairer la Terre (globe terrestre) par le Soleil (lampe de bureau) en maintenant son axe vertical par rapport au Soleil. La faire tourner lentement autour du Soleil. Préciser que la Terre met 365 jours soit une année pour faire le tour du Soleil.

Distribuer et compléter le schéma 1 de l'expérience n° 41 (*cf.* CD). Pour chaque quart de tour de la Terre, faire représenter par des flèches l'arrivée des rayons du Soleil sur le globe au niveau de la France. Chaque dessin représente virtuellement une saison.

Résultat :

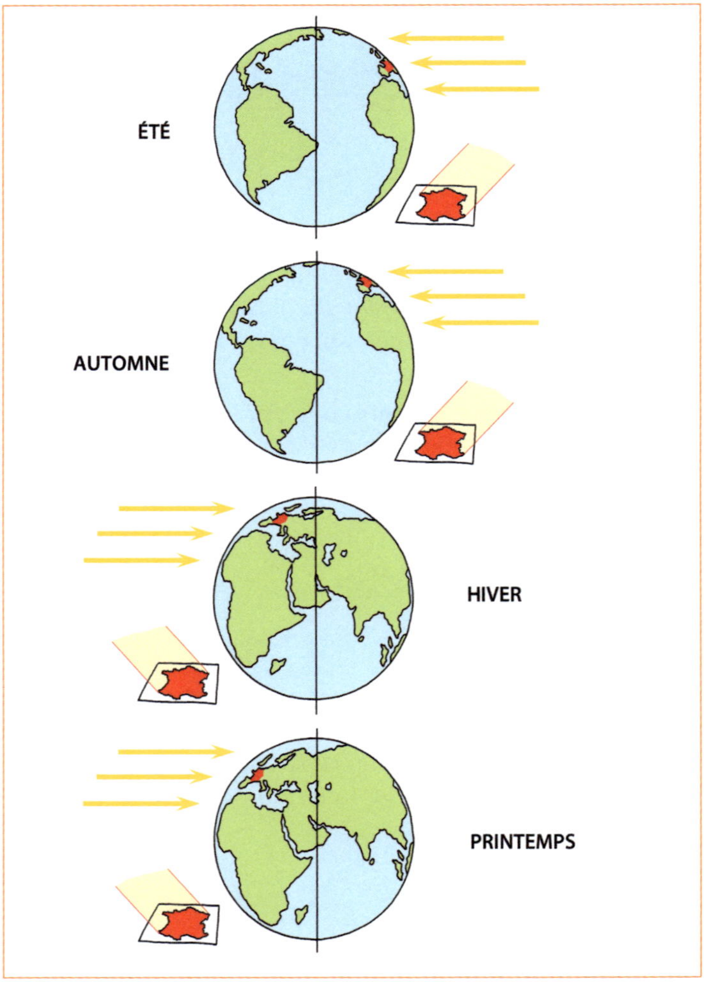

On constate que, quelle que soit la période de l'année, l'éclairement sera le même. Donc si l'axe de la Terre était vertical, il ne devrait pas y avoir de variation de la durée du jour durant les saisons.

Deuxième expérience :

Faire ensuite tourner sur elle-même la Terre pour simuler le jour et la nuit. On constate que pour un point précis (toujours prendre la France), pendant la moitié de la rotation, ce point est éclairé (c'est le jour) et durant l'autre moitié, il est dans l'ombre (c'est la nuit) et ceci pour les 4 points étudiés. On montre ainsi que la durée du jour ne devrait pas varier pour un point donné durant l'année.

Conclusion :

Conclure que lorsque l'axe de la Terre est vertical, les rayons du Soleil arrivent toujours de manière identique en un point précis (ici la France) durant toute l'année. La durée du jour est constante, il ne devrait donc pas y avoir de saisons.

Or les saisons existent ! C'est que l'axe du globe terrestre n'est pas vertical par rapport au Soleil, mais oblique.

Étape 2

Expliquer pourquoi ce phénomène est à l'origine des saisons.

Faire éclairer le globe terrestre par la lampe de bureau en maintenant son axe oblique par rapport au Soleil. La faire tourner lentement autour du Soleil.

Regarder pour ces 4 périodes de l'année comment est l'éclairement :

– 1 : Lorsque la position de la Terre fait que l'hémisphère Nord (et la France) reçoit les rayons du Soleil presque verticalement et que le jour est plus long (plus grande surface couverte de lumière que d'obscurité, la taille de ces surfaces permet de visualiser concrètement les durées du jour et de la nuit), nous sommes au début de l'été.

– 2 : Lorsque la position de la Terre fait que l'hémisphère Nord (et la France) reçoit les rayons du Soleil de la même manière que l'hémisphère Sud (les surfaces éclairées et dans l'obscurité sont égales) et que les durées du jour et de la nuit sont égales, nous sommes au début de l'automne.

– 3 : Lorsque la position de la Terre fait que l'hémisphère Nord (et la France) reçoit les rayons du Soleil obliquement (moins d'énergie qui arrive par unité de surface car l'axe du globe est oblique) et que le jour est plus court (moins grande surface couverte de lumière que d'obscurité), nous sommes au début de l'hiver.

– 4 : Lorsque la position de la Terre fait que l'hémisphère Nord (et la France) reçoit les rayons du Soleil de la même manière que l'hémisphère Sud (les surfaces éclairées et dans l'obscurité sont égales) et que les durées du jour et de la nuit sont égales, nous sommes au début du printemps.

Tout comme pour la première étape, une fois l'expérience réalisée, le schéma 2 de l'expérience n° 41 (*cf.* CD) est complété soit en équipe soit individuellement. Un des groupes vient dessiner au tableau les résultats et expliquer le mécanisme des saisons. Une correction collective peut être réalisée.

Résultat :

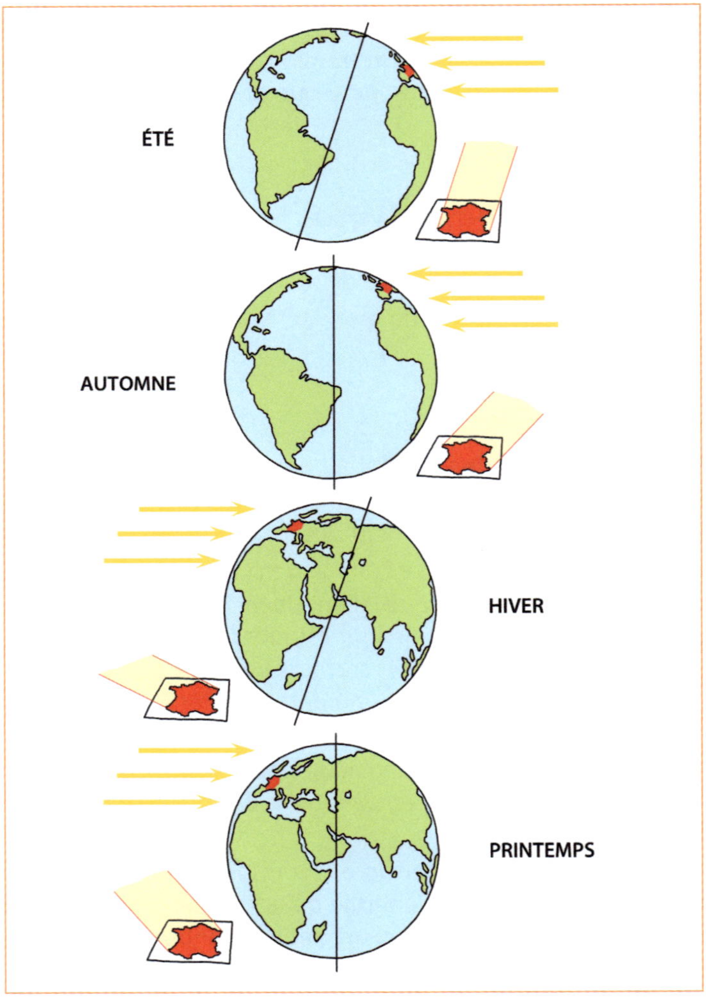

Prolongements

– Essayer de faire comprendre aux enfants pourquoi à l'équateur il n'y a pas d'hiver comme dans nos régions. Montrer que, quelle que soit la période de l'année, malgré l'inclinaison du globe, les rayons du Soleil arrivent durant toute l'année quasiment verticaux.

– Expliquer pourquoi dans l'hémisphère Sud les saisons sont inversées par rapport à celles de l'hémisphère Nord.

La mesure du temps

CP - CE1

Programme : Identifier les rythmes cycliques du temps.

Objectif : Découvrir qu'il est possible de mesurer le temps et quels sont les moyens utilisés.

Matériel :

- Chronomètres, montres (les plus variées possibles : digitale ou avec aiguille, avec trotteuse, avec jour de la semaine et/ou le mois...), minuteurs (digital, mécanique, sablier).
- Photographies (ou observation sur Internet) d'horloges astronomiques (mesures sur la semaine, le mois, l'année).
- Photographies (ou animation sur Internet) de cadrans solaires à différentes heures de la journée.
- Une feuille de synthèse par élève.

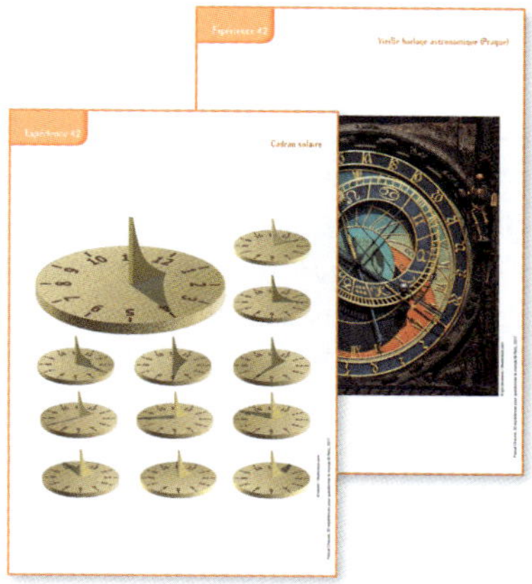

➤ Expérience 42 – Mesurer le temps

➤ Expérience 42 – Des objets pour mesurer le temps

➤ Expérience 42 – Le cadran solaire (film)

Croisements entre enseignements **Mathématiques** : « Grandeurs et mesures » ; « Comparer, estimer, mesurer des longueurs, des masses, des contenances, des durées » ; « Utiliser le lexique, les unités, les instruments de mesures spécifiques à ces grandeurs ».

Remarque préalable
Les élèves doivent avoir assimilé la notion du temps qui passe. Ainsi, il est préférable d'avoir réalisé le travail sur l'alternance jour/nuit (expérience 40) avant d'aborder cette activité.

Déroulement

Distribuer à chaque groupe de trois ou quatre enfants au moins trois outils de mesure.

Leur faire observer les aiguilles qui bougent, les chiffres qui défilent et leur faire comparer les vitesses :
– de déplacement des aiguilles ;
– de changement de chiffres ;
– d'écoulement du sable ;
– de déplacement du soleil sur le cadran.

On met ainsi en évidence le fait qu'il est possible de mesurer le temps qui passe et que ces appareils qui le mesurent ne le font pas à la même vitesse et de la même manière.

En début de CP (ou en rappel pour les autres niveaux)

Proposer un travail sur les trois aiguilles d'une montre traditionnelle et les chiffres d'une montre digitale.

Faire observer que :

– La grande aiguille va très vite, comme certains chiffres de la montre. Elle mesure les secondes.

– La moyenne est plus lente, mais elle bouge plusieurs fois durant la séquence, tout comme les chiffres du milieu de la montre. Elle mesure les minutes.

– La petite est très lente, on ne la voit presque pas bouger, tout comme certains chiffres de la montre digitale. Elle mesure les heures.

Cette découverte permettra d'aborder ensuite le premier apprentissage de la lecture de l'heure sur une horloge traditionnelle.

Avec les élèves de CP et de CE1

À partir du moment où la lecture des chiffres et la notion de dizaine sont bien maitrisées, il est possible d'aller plus loin et de montrer qu'une minute correspond à 60 secondes et une heure à 60 minutes. Un approfondissement de la lecture de l'heure peut être envisagé à ce moment-là, avec l'apprentissage de la lecture des minutes sur la grande aiguille.

Puis les enfants vont comparer les différents types d'objets et essayer de leur trouver leurs rôles respectifs. Ils se rendent alors compte que certains représentent bien le temps qui passe, mais qu'ils ne donnent par forcément l'heure :

- La montre, le cadran solaire, l'horloge astronomique donnent l'heure et parfois une date.
- Le chronomètre permet de mesurer le temps qui passe à partir du moment où on le déclenche (mesure d'un temps de course, par exemple).
- Le minuteur permet de donner le temps restant, après l'avoir programmé pour une durée précise (par exemple, mesure du temps restant pour faire cuire un œuf à la coque).
- Le sablier n'a pas besoin de chiffres car on connait son temps d'écoulement (par exemple, pour un sablier de cuisine, le temps d'écoulement du sable correspond au temps nécessaire à la cuisson d'un œuf dur).

Trace écrite

En synthèse, un travail comme ci-contre peut être réalisé (schéma sans les flèches disponible dans le CD).

Les enfants doivent relier chaque objet à la manière dont il mesure le temps :

- il donne l'heure de la journée ;
- il mesure une durée ;
- il mesure le « temps qu'il reste ».

Schéma corrigé

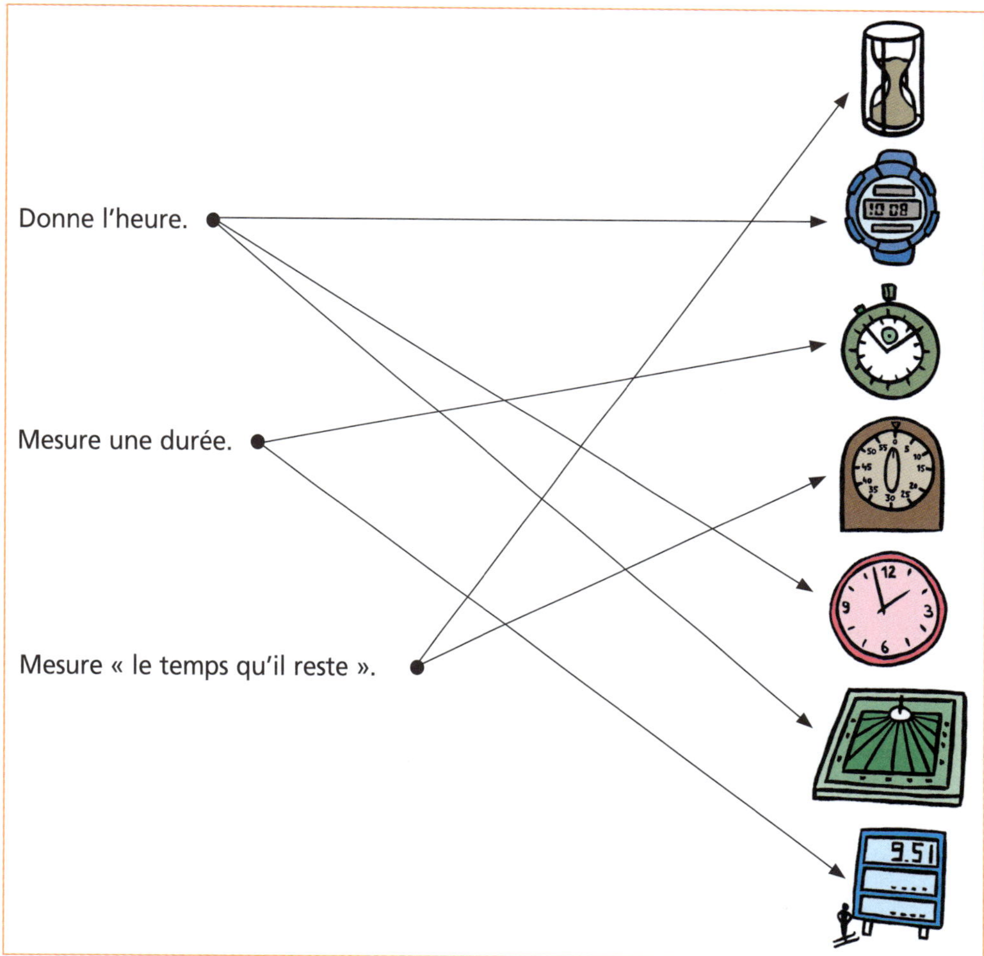

Des outils pour repérer et mesurer le temps

CP - CE1

Programme : Se repérer dans l'espace et le représenter : comparer, estimer, mesurer des durées.

Objectif : Percevoir la différence entre les objets qui mesurent le temps et ceux qui permettent de le repérer.

Matériel :
- Calendriers papier et électroniques (essayer d'en trouver une grande variété : année visible en entier, sur six mois ou un mois ; éphéméride ; calendrier de l'avent…).
- Des agendas.
- Des montres, des pendules, des chronomètres, des minuteurs…

Croisements entre enseignements **Mathématiques** : « Grandeurs et mesures » ; « Comparer, estimer, mesurer des longueurs, des masses, des contenances, des durées » ; « Utiliser le lexique, les unités, les instruments de mesures spécifiques à ces grandeurs ».

Remarque préalable
Il est préférable d'avoir réalisé l'expérience 42 (la mesure du temps) avant d'entamer cette activité.

Déroulement

Étape 1

Les enfants ont vu que l'on pouvait lire l'heure et donc voir le temps passer à l'aide d'une montre, d'une horloge…

Chaque groupe doit posséder une montre à aiguilles (autant de groupes que de montres). Ils déterminent l'heure. Ils vérifient si leur lecture est convenable à l'aide d'une montre à chiffres.

Leur distribuer ensuite un calendrier (possibilité d'en observer une grande variété sur Internet et donc de faire l'activité en salle informatique).

La difficulté va être de faire comprendre aux enfants le rôle respectif de la montre et du calendrier.

Une montre indique l'heure et parfois la date ; le calendrier permet de se repérer dans le temps (quel jour de la semaine, quel mois, quelle saison, quelle année), mais il ne mesure pas le temps.

Les élèves doivent retenir que :

– les objets qui mesurent le temps sont « en mouvement » (aiguilles, chiffres) ;

– ceux qui permettent de se repérer dans le temps sont figés, on ne peut pas y lire l'heure ou voir passer le temps.

Étape 2

Distribuer ou montrer aux enfants tous les objets collectés ayant un rapport avec le temps. Leur demander de les classer en deux groupes :

– ceux qui **mesurent le temps** (montres, horloges, minuteurs, chronomètres) ;

– ceux qui permettent de **se repérer dans le temps** (calendriers de tous types, agendas).

Il est possible, ensuite, d'élaborer un second tri parmi les objets qui mesurent le temps :

– ceux qui donnent l'heure (montres, horloges) ;

– ceux qui nous donnent une durée (minuteurs, chronomètres).

Trace écrite

Les élèves réalisent un tableau à deux colonnes (« Mesure du temps / Repérage dans le temps ») dans lequel ils dessinent quelques exemples d'objets pour chaque catégorie (ou ils collent des images de ces objets).

Étude de paysages actuels et anciens

CE2

Programme : Repérer et situer quelques évènements dans un temps long.

Objectifs : L'observation de son environnement proche et de ce même environnement à différentes époques permet de mettre en évidence l'action de l'homme sur ce qui nous entoure. Ce type d'observation peut être effectué à différentes échelles : la région, le pays, la planète.

Matériel :
- Des photos de l'école à différentes époques.
- Des photos aériennes récentes et anciennes de la ville (ou du village) où se situe l'école (contacter la mairie qui, le plus souvent, en possède) pour voir les différents travaux réalisés sur la commune.
- Des cartes postales anciennes de la ville ou du village.
- Des postes informatiques connectés à Internet.

Déroulement

Étape 1 : Étude à l'échelle de la ville ou du village

Rechercher sur Internet ou dans la bibliothèque de l'école (ou de la ville) des documents concernant l'évolution de la ville : apparition ou disparition de constructions humaines (monuments, usines, habitations…) , évolution du réseau routier, répartition de la végétation (bois, cultures, espaces verts…).

À partir de ces données et des documents déjà recueillis (cartes postales, photos…), les élèves vont pouvoir réaliser un plan de leur ville ou de leur quartier au cours du temps. Trois (ou plus) périodes peuvent être choisies : le Moyen Âge ou l'Antiquité, le début du xxe siècle et actuellement.

En fonction du niveau de la classe, une ébauche de plan peut être distribuée.

Proposer ensuite d'indiquer sur le plan :
- en rouge les habitations,
- en jaune les champs,
- en vert la végétation (en utilisant une stylisation différente pour représenter les arbres, les pelouses…),
- en noir les routes,
- en marron les chemins.

Une fois les plans réalisés, les élèves vont pouvoir observer l'action de l'homme sur « leur » paysage, donc sur l'environnement au cours du temps.

Au Moyen Âge

À l'époque actuelle

On observe l'apparition de routes, d'habitations plus hautes, d'usines : la taille de la ville a augmenté aux dépens de la végétation.

Étape 2 : Étude à l'échelle de la région, du pays ou de la planète

On peut étudier, par exemple, l'augmentation de l'urbanisation, de la surface exploitée pour l'agriculture, de l'avancée des déserts, de la déforestation.

Les recherches seront menées à la fois sur Internet et en bibliothèque.

Il est intéressant d'utiliser des séries d'images satellites réalisées pour un même lieu (forêt amazonienne, mais aussi forêts africaines ou d'Asie) afin de comparer les effets de la déforestation.

On peut aussi utiliser les « cartes de végétation » (on les trouve facilement sur Internet), notamment celle de l'Afrique où l'on constate l'étendue du Sahara, mais aussi l'avancée de la savane aux dépens de la forêt équatoriale.

Le régime alimentaire de la mésange au cours des saisons

CP - CE1

Programme : Se repérer dans l'espace et le représenter : identifier les rythmes cycliques du temps.

Objectifs :
- Observer le régime alimentaire, en hiver et au printemps, d'un oiseau très commun dans la cour d'école.
- Comprendre que certains animaux changent de régime au cours des saisons.

Matériel :
- Des jumelles.
- Des nichoirs (voir l'expérience 30, « Construire un nichoir pour les mésanges »).
- Des documents (photographies, livres de détermination des oiseaux…) permettant aux élèves de reconnaitre les mésanges.

➤ Expérience 45 – Les mésanges

Remarque préalable

Les expériences 45 et 46 permettent de mettre en évidence le rythme cyclique du temps au travers des saisons grâce à l'observation de la vie animale qui diffère selon la période de l'année.

Cette expérience 45 peut aussi être exploitée dans le cadre de la partie 1.2 du programme « Comment reconnaitre le monde vivant » ; « Connaitre des caractéristiques du monde vivant, ses interactions, sa diversité » ; « Régime alimentaire de quelques animaux ».

Rappel pour l'enseignant

Les mésanges sont des oiseaux communs dans toutes les régions de France métropolitaine. Les plus communes sont les mésanges charbonnière et bleue. Moins fréquentes sont les mésanges nonnette, noire et huppée.

Elles se nourrissent essentiellement d'insectes l'été et, durant l'hiver, de baies ou de graines. Elles sont donc capables de changer de régime alimentaire en fonction des saisons, ce qui leur permet de rester sur place en hiver, contrairement à d'autres oiseaux, comme l'hirondelle, qui migrent vers les pays chauds pour trouver leur nourriture exclusive que sont les insectes.

Déroulement

Avant de réaliser le travail d'observation, il est important de présenter aux enfants les différents types de mésanges, et notamment les plus courantes, afin de faciliter le repérage. Pour cela, s'appuyer sur des photos ou documents trouvés sur Internet, dans les encyclopédies, etc. Cette recherche peut être effectuée par les élèves.

Puis, afin d'observer le changement de régime alimentaire durant les saisons, l'observation des mésanges doit se dérouler en deux temps.

Observation hivernale

Il est conseillé d'installer des nichoirs pour faciliter cette observation (attention à l'orientation). S'ils sont fabriqués en classe (voir l'expérience 30), chaque enfant dispose d'un nichoir. Ils peuvent les disposer soit chez eux, soit dans la cour de l'école, ou encore dans tout autre lieu approprié (jardin d'un voisin, parc...),à condition de demander une autorisation.

Les observations se font également plus facilement si ce sont les enfants qui leur donnent à manger (par exemple, des graines et des boules de graisse). Il est possible aussi d'installer des mangeoires.

Enfin, pour mieux comprendre et expérimenter l'alimentation de la mésange, on peut effectuer le même type de démarche que pour l'expérience 18 (« Le régime alimentaire de l'escargot ») afin de déterminer quels sont les aliments préférés des divers types de mésanges.

L'observation doit être discrète et réalisée par petits groupes d'élèves, les autres étant occupés par une autre activité. Mais le plus pratique reste une observation réalisée de la fenêtre de la classe (à l'aide de jumelles). Les enfants peuvent alors regarder de manière autonome pendant environ une dizaine de minutes.

Les informations collectées peuvent être complétées par celles réalisées à la maison.

Suite à leurs observations, les enfants concluent que l'hiver, les mésanges se nourrissent essentiellement de graines.

Observation au printemps

Durant cette période, il est nécessaire de continuer à donner des graines aux oiseaux. Les enfants constatent qu'elles disparaissent beaucoup moins vite et que les mésanges se font de plus en plus rares sur la zone de nourriture.

Ils en déduisent qu'elles ne mangent plus la même chose, qu'elles ont changé de régime alimentaire.

C'est en observant aux jumelles les nichoirs ou des mésanges isolées sur une branche qu'ils vont remarquer qu'elles ont souvent des insectes dans leur bec. Si cette observation n'est pas faite directement, une recherche sur la nutrition des mésanges peut être réalisée sur différents supports (Internet, livres documentaires, etc.).

Suite à ces observations, les enfants concluent que les mésanges se nourrissent d'insectes durant la belle saison et de graines en hiver. Demander pourquoi ce changement. Faire comprendre, à l'aide d'une discussion collective plus ou moins guidée, que les insectes n'étant plus présents l'hiver, si elles ne changeaient pas de régime alimentaire, elles mourraient de faim.

Trace écrite

Une grande affiche collective est réalisée qui a pour titre : « Les mésanges changent d'alimentation au cours des saisons. »

La séparer en deux : d'un côté le régime hivernal, de l'autre le régime printanier. L'illustrer à l'aide de photos ou de dessins réalisés par les enfants.

Prolongement

On peut ensuite aborder, pour aller plus loin, les principaux moyens utilisés par les animaux pour passer l'hiver, tels que la migration ou l'hibernation (voir l'expérience 46).

Les animaux dans notre environnement au cours des saisons

CP - CE1

Programme : Se repérer dans l'espace et le représenter : identifier les rythmes cycliques du temps.

Objectifs :
- Dresser un inventaire des animaux présents dans la cour de l'école durant l'hiver et au printemps.
- Comparer ces inventaires et trouver les divers moyens utilisés par les animaux pour passer l'hiver.

Matériel :
- Un livre de détermination des oiseaux (ou des documents puisés sur Internet).
- Des insectes.
- Des loupes et des paires de jumelles.
- Des petites cuillères et des pinces pour attraper les animaux.
- Des boites percées de trous fins et des pots fermés avec un filet ou une gaze pour y déposer les animaux.
- Un jeu de cartes d'animaux préalablement préparé par l'enseignant (voir l'expérience 20).
- Le tableau « Que font ces animaux durant l'hiver ? » à compléter par l'élève.

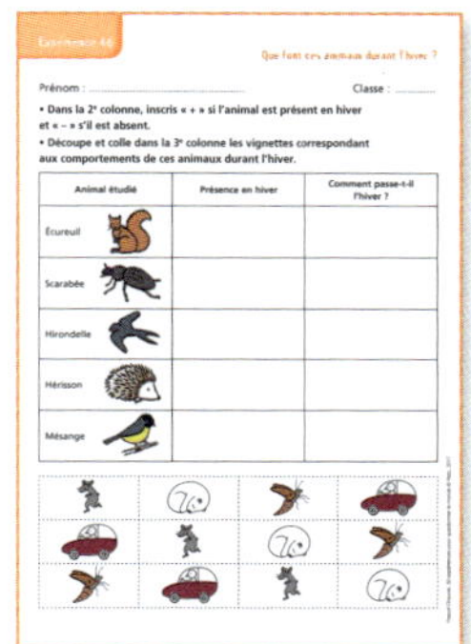
Que font ces animaux durant l'hiver ?

Prénom : .... Classe : ....

• Dans la 2e colonne, inscris « + » si l'animal est présent en hiver et « – » s'il est absent.
• Découpe et colle dans la 3e colonne les vignettes correspondant aux comportements de ces animaux durant l'hiver.

Animal étudié	Présence en hiver	Comment passe-t-il l'hiver ?
Écureuil		
Scarabée		
Hirondelle		
Hérisson		
Mésange		

➤ Expérience 46 – Que font ces animaux durant l'hiver ?

Rappel pour l'enseignant

Les animaux adoptent différentes stratégies afin de survivre aux contraintes imposées par l'hiver (froid, rareté de la nourriture).

Certains restent actifs. Ils sont équipés pour résister au froid et font soit des réserves de nourriture (comme l'écureuil), soit changent de régime alimentaire (la mésange se nourrit essentiellement d'insectes l'été et de graines l'hiver ; voir l'expérience 45). D'autres, ne pouvant résister au froid et ne trouvant plus de nourriture, vont migrer vers des pays plus cléments (comme l'hirondelle et la cigogne) ou vont entrer, après avoir constitué des réserves de graisse, dans un long sommeil appelé hibernation (tels la marmotte et le loir). De nombreux animaux, notamment les insectes, meurent à l'arrivée du froid. Certains vont pondre durant le printemps ou l'été, et ce sont les œufs qui vont permettre à l'espèce de survivre durant l'hiver. Pour d'autres, les œufs vont éclore avant et donner des larves. Ces insectes vont passer l'hiver sous forme de larves qui se métamorphosent en adultes au printemps (comme la libellule ou les coléoptères tels que le hanneton).

Déroulement

Cette activité se déroule en trois étapes.

– La première étape, réalisée au mois de septembre, est la même que celle décrite dans l'expérience 20, « La diversité des animaux de la cour de l'école ».
– La deuxième se déroule selon le même principe, mais en hiver.
– La troisième étape, décrite ci-dessous, se déroule en classe, suite à la sortie hivernale : une comparaison du peuplement animal en été et en hiver est alors réalisée, qui aboutit à l'étude du comportement de certains animaux en hiver.

L'ensemble des cartes, correspondant aux animaux trouvés en septembre, est redistribué à chaque groupe d'enfants. Ceux-ci sont invités à former des paires avec les cartes qui correspondent aux observations réalisées durant l'hiver.

Les élèves constatent que, pour certains animaux, la formation de paires a été possible et que pour d'autres cela n'a pas été le cas.

Les enfants doivent alors comprendre que lorsqu'une paire n'a pas été reformée, c'est que l'animal correspondant n'est plus visible en hiver.

Une question se pose alors : « Que sont devenus ces animaux ? »

On peut envisager d'expliquer, à l'issue d'une discussion, que certains sont partis parce qu'ils avaient trop froid (en réalité, le plus souvent ils partent car ils ne trouvent plus de nourriture sur place) et que d'autres dorment durant l'hiver.

Puis une nouvelle question émerge : « Pourquoi cet animal arrive-t-il à rester dans notre région en hiver ? »

Pour approfondir la question précédente et répondre à la nouvelle interrogation, les enfants travaillent toujours en petits groupes. À chacun est attribué quatre animaux.

En fonction des ressources disponibles, un premier travail de recherche peut être réalisé dans le centre de documentation de l'école. Ensuite, la recherche se poursuit sur Internet.

Trace écrite

Distribuer à chaque enfant le tableau « Que font ces animaux durant l'hiver ? » (*cf.* CD). Les enfants le complètent individuellement ou par petits groupes, selon le niveau. Il est également envisageable de le faire sous forme d'affiche qui sera ensuite accrochée en classe.

Dans la colonne « Présence en hiver », les élèves inscrivent un *plus* si c'est le cas et un *moins* en cas d'absence.

Dans la colonne « Comment passe-t-il l'hiver ? », ils collent le pictogramme correspondant (ils auront été expliqués au préalable) : « reste actif » (souris), « hiberne » (ours), « migre » (oiseau), « change de forme » (papillon).

Résultat obtenu

Que font ces animaux durant l'hiver ?		
Animal étudié	**Présence en hiver**	**Comment passe-t-il l'hiver ?**
Écureuil 	+	
Scarabée 	–	
Hirondelle 	–	
Hérisson 	–	
Mésange 	+	

Réaliser une frise des temps géologiques

CE2

Programme : Repérer et situer quelques évènements dans un temps long : élaborer et utiliser des calendriers et/ou des frises à différentes échelles temporelles.

Objectif : Apprendre à se repérer sur une échelle de temps beaucoup plus importante que celle habituellement connue des enfants : l'année.

Matériel :
- Une frise à compléter.
- Des vignettes datées à coller.
- Des vignettes non datées à coller.

➤ Expérience 47 – Frises des temps géologiques

➤ Expérience 47 – Vignettes

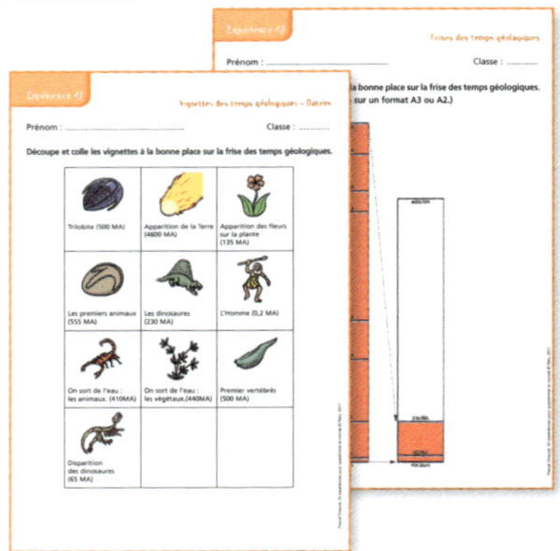

Préparation

La frise des temps géologiques sera construite à partir d'une trame vierge et de vignettes à coller (*cf.* CD). Celles-ci correspondent à des repères qui sont datés.

La liste des évènements clés ci-dessous servira de base à la frise. En fonction des découvertes des enfants, il est possible d'en ajouter d'autres. Entre parenthèses sont représentées les dates estimées des évènements.

- **Création de la Terre** (4600 millions d'années).
- **Les dinosaures** (apparition il y a 230 millions d'années ; disparition il y 65 millions d'années).
- **Apparition de l'homme** (7 millions d'années pour les premiers hominidés ; 0,2 million pour l'Homme actuel).
- **Apparition de la vie.** Ce sont des microorganismes qui ne sont ni des plantes, ni des animaux (3,8 milliards d'années).
- **Les premiers animaux avec des vertèbres** (500 millions d'années).
- On sort de l'eau : des végétaux (440 millions d'années) et des animaux (410 millions d'années) quittent les océans pour s'installer sur la terre ferme.
- **Apparition des premiers animaux** (555 millions d'années).
- **Apparition des fleurs sur les plantes** (135 millions d'années).
- …

Des vignettes supplémentaires vierges sont disponibles en annexes pour compléter la frise en fonction des éventuelles autres propositions de la classe.

Pour réaliser soi-même la frise en classe

Frise 1 : Dessiner une frise de 17,1 cm de long ; à l'extrémité gauche placer le point 4600 MA ; à 14,5 cm le point 550 MA ; à 0,15 cm le point 65 MA, et à l'extrémité droite le point « Nos jours ».

Frise 2 : Dessiner une frise de 22 cm de long ; à l'extrémité gauche placer le point 550 MA, à 2 cm le point 500 MA ; à 4,4 cm le point 440 MA ; à 5,8 cm le point 410 MA ; à 12,8 cm le point 230 MA ; à 15,4 cm le point 135 MA ; à 19,4 cm le point 65 MA ; à 21,9 cm le point 0,2 MA ; et à l'extrémité droite le point « Nos jours ».

Pour une meilleure compréhension, colorier en rouge la première frise de 550 MA à actuel. La deuxième frise sera elle entièrement coloriée en rouge afin de bien visualiser à quelle portion de la première frise elle correspond.

Déroulement

L'activité part d'un dialogue avec la classe : quels sont les repères les plus anciens des enfants ? (les chevaliers, les Romains, l'homme préhistorique…) Le plus souvent ils sont historiques. En conséquence, guider les enfants vers des temps plus anciens à partir, par exemple, de la présentation d'images d'animaux très anciens, comme les trilobites (ils ont vécu de – 525 à – 250 millions d'années).

Leurs faire ensuite trouver d'autres repères tels que les dinosaures, l'homme préhistorique, la création de la Terre…

Pour montrer que la vie est apparue il y a peu de temps en comparaison avec l'âge de la Terre, distribuer et compléter une première frise chronologique depuis la formation de la Terre jusqu'à nos jours (*cf.* CD). Les enfants y colleront la vignette « Les premiers animaux » et la vignette « Disparition des dinosaures ».

Si le niveau de la classe le permet, il est possible de faire dessiner la frise en classe.

En fonction du niveau de la classe :

– Distribuer le restant des vignettes datées. Observer et commenter les différents évènements qui y sont représentés. Les faire classer dans l'ordre chronologique et les coller dans l'ordre sur la frise.

– Distribuer le restant des vignettes, cette fois, non datées. Par groupes, les enfants doivent essayer de reconstituer la chronologie des évènements. Afin de faire un travail sur l'argumentation, le résultat peut être présenté par groupe, la chronologie devant être justifiée.

L'ensemble de ce travail peut aussi être réalisé à partir de recherches faites sur Internet.

Compléter ensuite une deuxième frise partant de l'apparition des animaux (550 MA) jusqu'à nos jours à l'aide des vignettes restantes.

Afficher les frises complétées dans la classe.

6. Explorer les organisations du monde

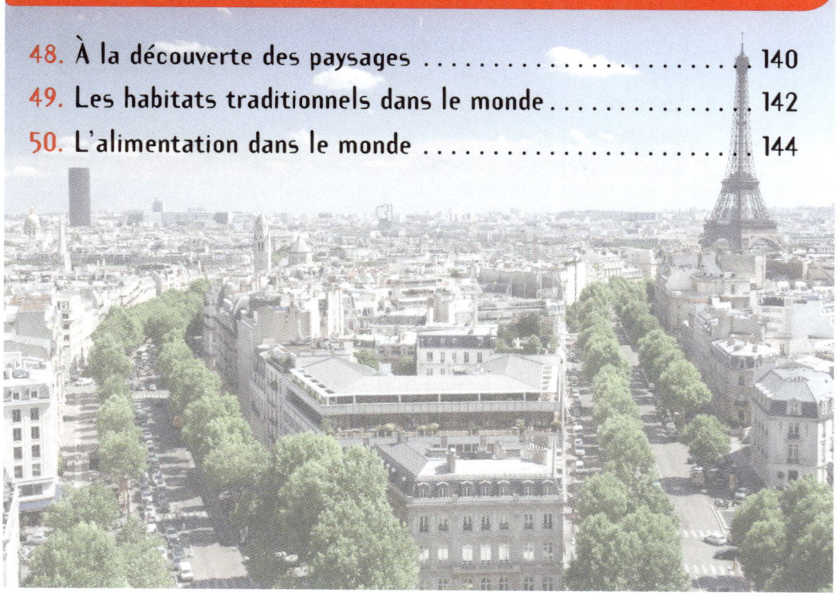

48

À la découverte des paysages

CP

Programme : Comprendre qu'un espace est organisé.

Objectifs :
- Apprendre à classer les différents paysages que l'on peut rencontrer en France.
- Trouver à quel type de paysage correspond l'environnement proche de l'école.

Matériel : Vidéos, photographies, cartes postales, images de magazines apportées par les enfants et l'enseignant montrant différents types de paysages en France (chaque document doit être numéroté) :
- Zones urbaines : avec immeubles, avec pavillons, mixtes, avec centre commercial.
- Ville avec centre-ville ancien, village, hameau.
- Paysages : de plaine, de plaine avec fleuve, de montagne, de forêt, vallonnés, maritimes, urbains (images de grandes villes vues du ciel).

➤ Expérience 48 – Paysages, villages et zones urbaines

Remarque préalable

Si les images proposées dans le CD ne vous suffisent pas, vous pouvez faire cette séance en salle informatique. Pour s'assurer que les élèves manipulent bien l'outil, passer régulièrement de groupe en groupe.

Afin de faciliter le travail, il est conseillé de centraliser dans un fichier les différentes photographies, vidéos ou cartes postales scannées des paysages et de les numéroter. Le travail de classement s'effectuera, lui, à l'écrit.

On peut alors inclure, dans la séance, la recherche du fichier dans le bureau de l'ordinateur, en donnant des consignes claires et précises sur le « chemin » à suivre. Cela pourra permettre d'aborder la compétence « Mobiliser des outils numériques » ; « Découvrir des outils numériques pour rechercher et restituer des informations simples » (domaine 2 du socle).

Déroulement

Étape 1

Dans un premier temps, les enfants observent les différentes images de paysages. Ils doivent en retirer les points communs et les regrouper par catégories de paysages. Ils retrouvent en gros celles décrites dans la partie « Matériel ».

Par exemple, pour le paysage maritime, les élèves vont regrouper ces types d'images : un port de pêche, une plage, un port industriel, des côtes rocheuses, une maison en bord de mer, un sentier côtier…

Pour le paysage de montagne, les images peuvent être : un village de montagne, une route de montagne enneigée, une station de ski, des animaux des montagnes en été (marmotte, chamois), une forêt de sapins, des alpinistes gravissant un pic…

Étape 2

Inviter les élèves à trouver le paysage qui correspond le mieux à l'endroit où ils vivent.

Ils associent ensuite ce paysage au type d'urbanisation : l'école est-elle dans un village, une grande ville… ?

Ils disposent la photo d'urbanisation qui correspond le mieux sur celle du paysage (si la séquence se déroule en salle informatique, ils précisent le numéro des images).

Étape 3

Puis, en fonction des objectifs que l'on s'est fixés, il est possible par exemple de :

– classer les photos de ville, village, hameau dans l'ordre croissant ou décroissant du nombre d'habitants (notion de « plus que », « moins que ») ;

– retrouver à quel paysage et à quel urbanisme correspond une vidéo observée.

Trace écrite

Les élèves dessinent un type de paysage par catégorie : ville, mer, montagne, plaine.

Ils dessinent leur école dans son environnement urbain : ville (avec grands immeubles par exemple), village (avec deux ou trois maisons et une mairie), hameau (avec une ou deux maisons).

Les habitats traditionnels dans le monde

CE2

Programme : Comparer des modes de vie (alimentation, habitat, vêtements, outils, guerre, déplacements…) à différentes époques ou de différentes cultures.

Objectif :
- Découvrir ce qu'est un habitat traditionnel et montrer que son architecture n'est pas due au hasard.
- Montrer que les nouvelles constructions vont vers une homogénéisation de l'architecture.

Matériel :
- Un ensemble de photographies représentant des quartiers modernes de différentes métropoles mondiales.
- Un ensemble de photographies d'habitats traditionnels de différents pays (maison en pierre située dans votre village ou ville ou à proximité, case en Afrique, maison japonaise, iglou en Laponie, maison en bois au Canada, maison blanche d'un pays méditerranéen, paillote en bois d'une ile du Pacifique…).

➤ Expérience 49 – Les habitats de métropoles

➤ Expérience 49 – Les habitats traditionnels

➤ Expérience 49 – Reconnaitre les habitants traditionnels

Déroulement

Les constructions modernes, dans l'ensemble des grandes métropoles mondiales, sont assez homogènes tant par l'aspect que par les techniques de construction. Les matériaux et les technologies utilisés sont quasiment identiques.

Étape 1

Dans un premier temps, faire ressortir cette homogénéité en faisant observer des photographies de quartiers modernes, constitués de tours, de grandes villes situées sur les cinq continents (*cf.* CD). Demander aux enfants si, à partir de ces photographies, ils peuvent les localiser géographiquement. Le plus souvent, c'est impossible.

Étape 2

Dans un deuxième temps, faire observer les photographies des habitats traditionnels. Les enfants peuvent rapidement préciser la zone géographique d'où ils proviennent.

Faire décrire leur aspect général et les matériaux utilisés. Les enfants émettent des hypothèses sur les facteurs qui vont déterminer ce type de constructions. Ils trouvent rapidement qu'ils sont fonction des conditions locales.

Définir « conditions locales » : matériaux présents sur place (bois, roches, terre, glace…), climat (maison plus ou moins ouverte en fonction de la température ambiante, de la pluviosité), région sismique (habitat traditionnel au Japon adapté aux conditions propres de sismicité), etc.

Étape 3

Distribuer ensuite la fiche élève n° 49 (*cf.* CD). La faire compléter par les élèves : relier les matériaux ou conditions proposés à l'habitat qui leur correspond :

Corrigé :

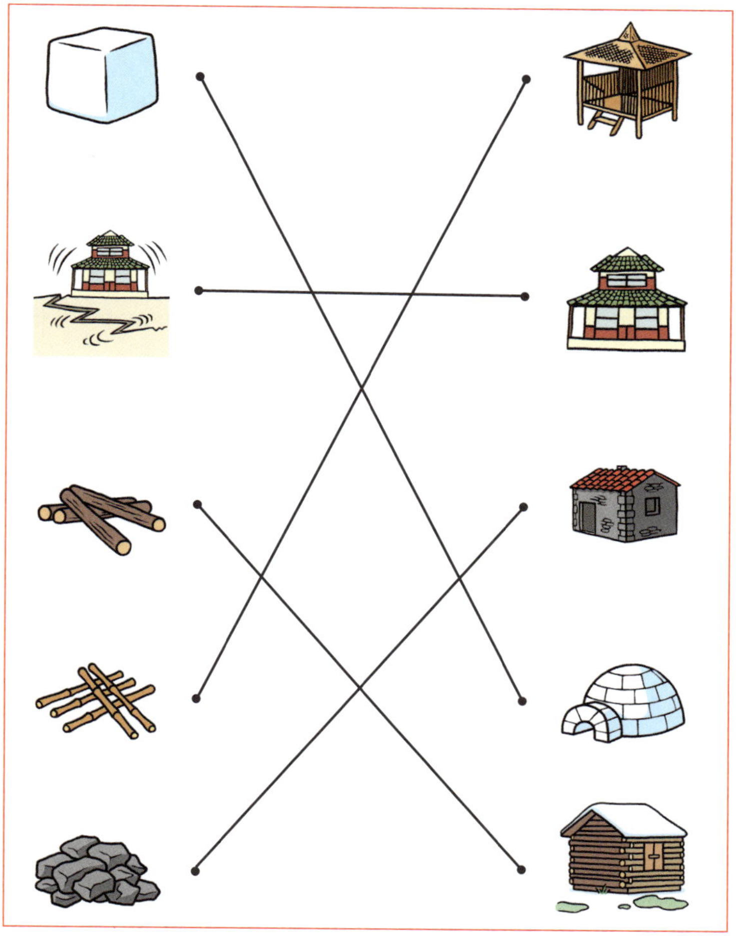

L'alimentation dans le monde

CE2

Programme : Comparer des modes de vie (alimentation, habitat, vêtements, outils, guerre, déplacements…) à différentes époques ou de différentes cultures.

Objectif : Découvrir que le repas servi dans une région ou un pays dépend des ressources naturelles présentes sur place mais aussi des traditions culturelles.

Matériel :
- 4 ou 5 recettes simples.
- Les ingrédients pour les réaliser.

Déroulement

Profiter par exemple de la semaine du gout pour faire préparer par les enfants 4 ou 5 spécialités culinaires du monde (une par jour de classe avec ou sans le mercredi). Elles peuvent par exemple être choisies par des enfants d'origines différentes qui désirent faire découvrir un plat typique de leur pays ou de leur région. Il faut bien sûr choisir des recettes faciles à réaliser et dont les ingrédients pourront être trouvés aisément.

Pour faciliter la séance, un ou deux parents peuvent être conviés. Cela peut être ceux du ou des enfants qui ont proposé le plat du jour.

Étape 1 : Découvrir une recette

Distribuer chaque jour une recette aux enfants afin qu'ils découvrent la liste des produits utilisés et se familiarisent avec le vocabulaire.

Après lecture de la recette, présenter à l'ensemble de la classe les différents ingrédients.

Les recettes vont certainement contenir des ingrédients inconnus de nombreux élèves.

Faire découvrir, à partir d'une recherche documentaire (Internet, bibliothèque), l'origine des ingrédients inconnus. Souvent, ils ne sont produits que dans la zone géographique d'origine de la recette, d'où l'ignorance des enfants.

Une présentation du pays ou de la région d'où vient le plat peut être faite par le ou les élèves qui en sont originaires.

Enfin, une liste des ustensiles de cuisine nécessaires est dressée.

Remarque

La présentation des ingrédients peut être faite sous forme de jeu : former deux équipes. Montrer un à un les produits utilisés. L'équipe qui nomme le plus rapidement un produit marque un point. À la fin de la présentation, un décompte des points est fait.

Étape 2 : La recette est réalisée en classe

Répartir les tâches en plusieurs groupes :
- Épluchage des fruits et légumes.
- Pesée, comptage des ingrédients.
- Mélange des ingrédients.
- Cuisson des ingrédients (obligatoirement en présence d'un adulte).
- …

Lorsque la recette est très simple chaque enfant peut la réaliser et ainsi en rapporter un peu à la maison (par exemple, un peu de soupe dans des petits contenants type petits pots pour bébé, des petits gâteaux ou biscuits, des amuse-bouches…).

Certains plats risquent d'être épicés. Il faut donc utiliser les assaisonnements particuliers avec parcimonie sans toutefois les supprimer afin que les enfants découvrent de nouveaux gouts.

Il peut être intéressant de réaliser deux recettes qui nécessitent quasiment les mêmes ingrédients principaux, mais dont les gouts seront finalement différents à cause des condiments utilisés, du mode de cuisson, de la manière de cuisiner.

Prolongements

Organiser des ateliers de découverte sur :
- La manière de manger en fonction des pays : avec une fourchette et un couteau, des baguettes, les doigts…
- Les plats utilisés pour cuisiner et présenter le repas.
- Les types de réchaud, les modes de cuisson.
- Les lieux où l'on cuisine (à l'extérieur, à l'intérieur, espaces plus ou moins aménagés, cuisines collectives ou individuelles…).

Mode d'emploi du CD-Rom

• **Installer le CD-Rom**

Sur PC : Insérer le disque dans votre lecteur. L'installation se lance automatiquement. Si ce n'est pas le cas, aller dans « Poste de travail » (menu « Démarrer »), cliquer sur le fichier « 50_experiences_pour_questionner_le_monde_PC.exe » et suivre les étapes d'installation jusqu'à la fin. Une icône s'affiche alors sur le « Bureau » : double cliquer dessus pour lancer le CD.

Sur Mac : Insérer le disque dans votre lecteur et double cliquer sur l'icône pour l'ouvrir. Double cliquer sur « 50_experiences_pour_questionner_le_monde.dmg » puis glisser l'application dans le dossier « Applications ». Aller dans le dossier « Applications » et double cliquer sur « 50_experiences_pour_questionner_le_monde_Retz.app ».

L'insertion du CD n'est plus nécessaire une fois l'application installée sur l'ordinateur (PC et Mac).

• **Naviguer dans le CD-Rom**

Cliquer sur le logo pour accéder au site des Éditions Retz.

Cliquer sur le domaine souhaité pour accéder aux ressources associées.

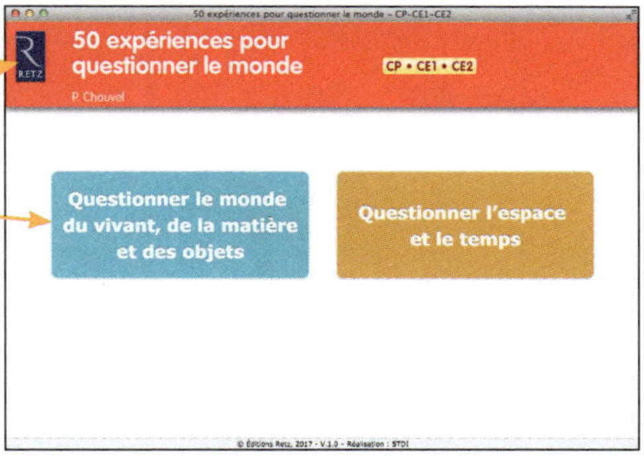

Cliquer sur le bandeau supérieur pour retourner à l'écran d'accueil.

Le nom du domaine sélectionné s'affiche en bleu.

Cliquer sur ce bouton pour accéder directement à l'autre domaine, sans repasser par l'écran d'accueil.

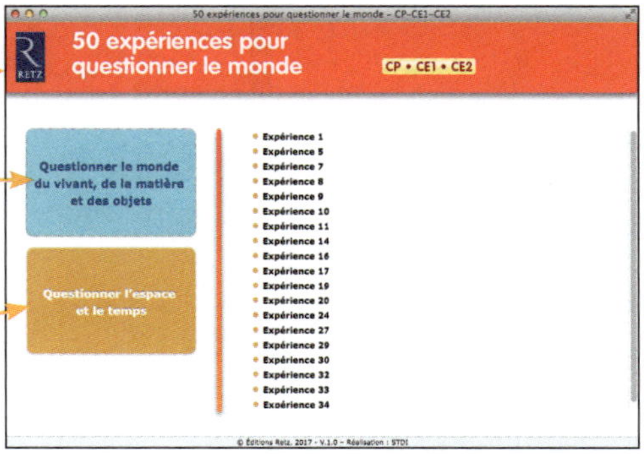

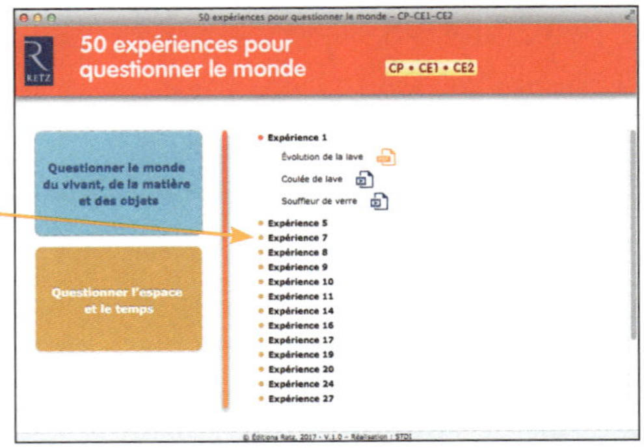

L'ensemble des ressources associées à chaque expérience s'affiche dans la partie droite de l'écran.

• Afficher les fichiers PDF et les vidéos

Cliquer sur le nom du document que l'on souhaite visionner, imprimer ou vidéoprojeter…

… le document s'affiche dans une nouvelle fenêtre.

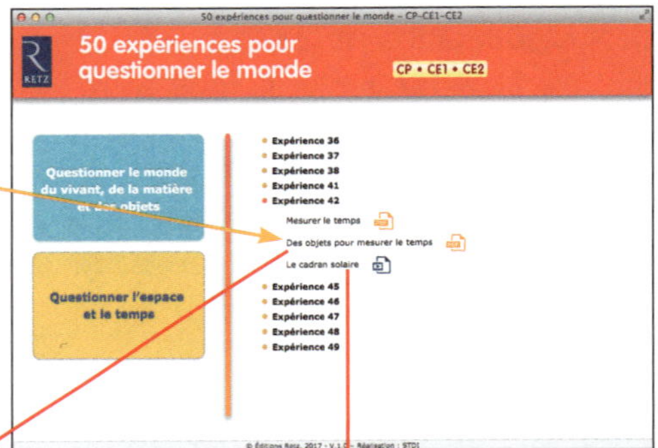

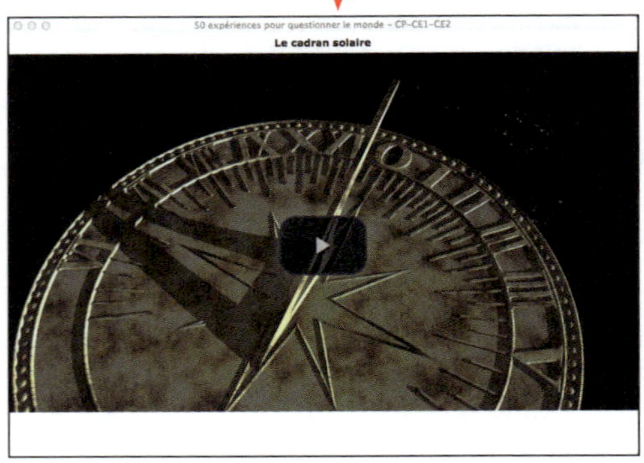

Le logiciel automatiquement utilisé pour cet affichage (Adobe Reader, Aperçu…) permet d'agir sur le document : zoom, rotation, impression…

• Configurations requises

PC : Windows XP, 7, 8, 10

Mac : IOS 10.5, 10.6, 10.7, 10.8, 10.9, 10.10, 10.11, 10.12

Flash Player 11

Internet Explorer 8 ou versions ultérieures, Firefox version 3.4 ou versions ultérieures, Chrome, Safari, Opera toutes versions

Contenu du CD-Rom

• **22 fiches élèves pdf**

• **2 patrons (nichoir pour mésanges et maquette de la classe)**

• **67 photos couleur**

Expérience 45
Mésange charbonnière
Graine de haricot
Embryon (= future plante)
Cotylédon (= réserves)
Expérience 47
Vieille horloge astronomique (Italie)
Expérience 20
Cartes-photos 1/3
Expérience 48
Paysage maritime
Expérience 17
Fleurs et racines
Expérience 49
Expérience 1
Expérience 10
Le pollen
Grains de pollen

• **10 cartes géographiques**

• 3 vidéos

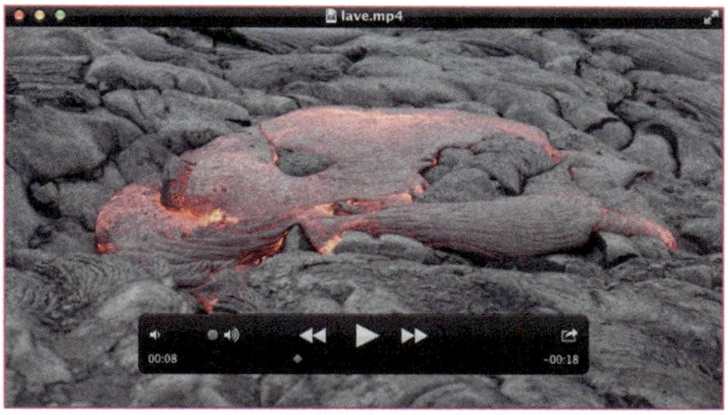

Coulée de lave (26 s)

Souffleur de verre (58 s)

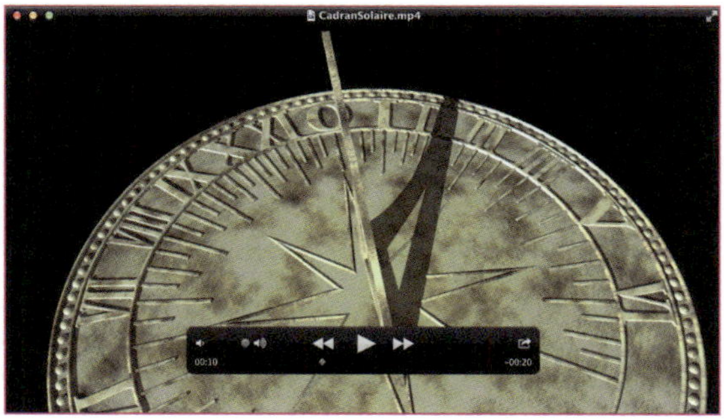

Le cadran solaire (30 s)

Glossaire

• **Autotrophe** : Les êtres vivants autotrophes sont capables de fabriquer eux-mêmes leur matière organique. Ils n'ont pas besoin de manger. Ce sont les végétaux.

• **Carnivore** : Animal ne se nourrissant que de matière organique d'origine animale (exemples : le lion, la chouette).

• **Cotylédon** : Partie de la graine contenant les réserves qui vont lui permettre de se développer, suite à la germination. (Après la formation des premières feuilles, c'est la photosynthèse qui prend le relai et qui fournit la matière organique nécessaire à sa croissance.)

• **Embryon** (*chez les végétaux*) : Partie de la graine qui permet de former une nouvelle plante. Il est le plus souvent constitué d'une racine et de deux petites feuilles minuscules.

• **Engrais** : Produit liquide ou solide contenant des sels minéraux nécessaires au bon développement d'une plante.

• **Être vivant** : Il a la capacité de se reproduire, de grandir et de produire lui-même l'énergie nécessaire à son bon fonctionnement.

• **Glucose** : Molécule organique essentielle aux êtres vivants. Il est utilisé lors de la respiration et il est produit lors de la photosynthèse.

• **Herbivore** : Animal ne se nourrissant que de matière organique d'origine végétale (exemples : la vache, le chevreuil).

• **Hétérotrophe** : Les êtres vivants hétérotrophes ne peuvent pas produire eux-mêmes de la matière organique. Ils s'en fournissent en mangeant, comme les animaux, ou en poussant sur de la matière organique en décomposition, comme les champignons.

• **Matière organique** : Matière fabriquée par les êtres vivants. Les muscles, les plumes, les feuilles des arbres ou le bois sont constitués de matière organique.

• **Photosynthèse** : Mécanisme qui permet aux plantes de fabriquer elles-mêmes leur nourriture (la matière organique sous forme de glucose) en utilisant de l'eau, du dioxyde de carbone (CO_2) et la lumière du soleil.

• **Omnivore** : Animal se nourrissant de matière organique d'origine végétale et animale (exemples : l'homme, le sanglier).

• **Recyclage** : Suite à un tri des déchets dans les poubelles, certains déchets sont recyclés permettant la fabrication de nouveaux produits (exemple : fabrication de laine polaire à partir de bouteilles en plastique).

• **Repiquage** : Technique consistant à replanter en pleine terre de jeunes plantules qui se sont développées en pot dans une serre ou en classe.

• **Respiration** : Mécanisme qui permet aux êtres vivants de produire l'énergie nécessaire à leur fonctionnement. Elle consomme du glucose ainsi que du dioxygène (O_2) et rejette de l'eau et du dioxyde de carbone (CO_2).

• **Sève** : Liquide circulant par des vaisseaux dans la plante. Elle permet d'approvisionner les différentes parties de la plante en substances nutritives.

• **Tégument** : Enveloppe protectrice de la graine.

• **Tri sélectif** : Lors du tri sont sélectionnés les déchets qui peuvent être recyclés, ainsi que ceux qui ne le peuvent pas mais qui sont dangereux pour l'environnement et doivent donc être mis de côté (comme les piles, les huiles de moteur...).

• **Vaisseaux** (*chez les végétaux*) : Tubes permettant la circulation de la sève dans toutes les parties de la plante.

• **Vapeur d'eau** : Eau à l'état gazeux. Elle n'est pas visible.

Adresses utiles

Fournitures

Achat d'animaux

• OPIE (Office pour les insectes et leur environnement)
Domaine de La Minière
Chemin rural n° 7 - BP30
78041 Guyancourt Cedex
Téléphone : 01 30 44 13 43
opie@insectes.org

• BIOTOPIA (souris, insectes, etc.)
M. Hartmann
83136 Sainte-Anastasie
Téléphone : 04 94 72 24 38
Télécopie : 04 94 72 26 56

• Les jardins du Brisard (insectes)
Z.A.I.
85150 La Chapelle-Achard
Téléphone : 02 51 05 64 63
Télécopie : 02 51 05 64 65
http://www.jardins-du-brisard.com/

Matériel de laboratoire, animaux

• Jeulin SA
468, rue Jacques-Monod
CS 21900
27019 Évreux Cedex France
Téléphone : 0825 563 563
Télécopie : 0825 564 399
www.jeulin.fr

• **Pierron ASCO & CELDA**
CS 80609 Rémelfing
57206 Sarreguemines Cedex France
Téléphone : 0387 95 14 77
Télécopie : 0387 98 45 91
Email : education-france@pierron.fr
www.pierron.fr

• **Sordalab**
15 avenue des Grenots
91150 Étampes
Téléphone : 01 69 92 26 72
Télécopie : 01 69 92 26 74
Email : info@sordalab.com
www.sordalab.com

Publications

La Hulotte
8 rue de l'Église
08240 Boult-aux-Bois
Téléphone : 03 24 30 01 30

Sites Internet (pour le jardinage)

- www.gerbeaud.com : site offrant de nombreux conseils autour du jardin.
- www.graines-et-plantes.com : site comportant des informations pratiques sur la réalisation d'un jardin écologique.
- www.gnis.fr : site proposant un calendrier du potager clair et pratique.
- www.au-potager.com : site proposant un calendrier, des recettes pour fabriquer des traitements « bio », de nombreux conseils…
- www.jardin-a-manger.com : site donnant des informations sur la culture des légumes tout en y associant des recettes de cuisine. Une partie intéressante sur les fleurs à cultiver… et à manger.

Dans la collection *Comprendre le monde*
(parution 2017)

Direction éditoriale : Céline Lorcher
Édition : Chloé Herbin
Adaptation maquette et réalisation/CD-Rom : STDI
Illustrations : Anne Horrenberger
Correction : Florence Richard
Photographies CD : Shutterstock, Istock
N° projet : 10239991
Dépôt légal : Janvier 2017

Achevé d'imprimé en août 2017 sur les presses de l'imprimerie Chirat - N° 201708.0212